AF494155

ANATOMIE

DU CERVEAU

DANS LES QUATRE CLASSES

D'ANIMAUX VERTÉBRÉS.

DE L'IMPRIMERIE DE A. HENRY,
RUE GÎT-LE-COEUR, N° 8.

ANATOMIE

DU CERVEAU

DANS LES QUATRE CLASSES

D'ANIMAUX VERTÉBRÉS.

COMPARÉE ET APPLIQUÉE SPÉCIALEMENT A CELLE DU CERVEAU
DE L'HOMME ;

Par Laurencet, de Lyon.

AVEC PLANCHES.

PARIS,

Chez L'AUTEUR, rue de La Harpe, n° 78 ;

ET CHEZ

CROULLEBOIS, Libraire de la Société de Médecine,
Rue Pierre-Sarrazin, n° 14.

1825.

AUX MÂNES

DE

P. A. BÉCLARD.

Ombre du plus chéri des Professeurs, dont j'ai commencé trop tard et cessé trop tôt d'entendre les leçons, j'ose te consacrer ce faible témoignage de mes regrets ; ceux que la voix de Béclard forma long-temps rendront un plus digne hommage à sa mémoire.

PRÉFACE.

Je n'exposerai pas l'état actuel de nos connaissances sur le système nerveux. Un préambule de ce genre paraîtrait sentir la prétention. J'en apporte si peu, que, malgré les encouragemens que j'ai reçus en particulier, j'ose à peine me flatter que mon travail obtienne quelque attention parmi tant de travaux d'illustres anatomistes. Je dirai seulement, comme tout le monde le sait, que jusqu'à M. Gall, l'étude du système nerveux se réduisit à énumérer ses parties. M. Gall le premier aperçut la continuité de ces mêmes parties, mais ne la poursuivit pas aussi loin que j'ai entrepris de le faire. Le célèbre Tieddemann a observé le développement de l'embryon humain, en le comparant dans chaque évolution de la vie fœtale avec ceux des animaux inférieurs auxquels il ressemble à ces diverses époques; mais tous ces rapprochemens ne sont fondés que sur la conformation extérieure des différens renflemens encéphaliques; ceux que je me suis appliqué à étudier, portent sur l'organisation intime du cerveau.

Ayant communiqué mes vues à plusieurs anatomistes qui les trouvèrent simples et naturelles, et plusieurs élèves m'ayant paru les saisir avec facilité, je conçus le projet de rédiger une description du cerveau plus simple et sur-tout plus physiologique que celles suivies dans les amphithéâtres. Si ce traité remplit ce but, il répondra à mes intentions. A peine eus-je mis la main à l'œuvre que la matière s'étendit, et j'aurais reculé devant mon entreprise sans les encouragemens et les facilités que me prodigua M. Gensoul, chirurgien en chef de l'Hôtel-Dieu de Lyon, à qui je dois la plus vive reconnaissance ; je le prie d'en agréer l'expression. J'adresse aussi mes remerciemens à plusieurs docteurs de Lyon, mes amis, à qui je fis part de mes recherches, et qui m'aidèrent de leurs sages avis. Je n'oublierai pas non plus de payer un juste tribut de reconnaissance au docteur Mayrange, mon ami, qui a bien voulu, cet hiver, m'aider dans mes recherches d'anatomie comparée.

L'expérience de M. Magendie sur les propriétés des faisceaux de la moelle épinière, venait de donner le signal d'une révolution dans la physiologie ; il ne s'agissait plus que de découvrir les connexions secrètes de ces faisceaux avec l'encéphale.

Après avoir constaté, sur le cerveau et la moelle allongée, plusieurs faits qui n'avaient pas été signalés encore, ils me parurent suffisans pour servir de base à la théorie que je vais développer dans cet ouvrage. J'ai adopté, pour les mettre en évidence, deux procédés applicables, l'un ou l'autre, ou tous deux ensemble, aux cerveaux de presque toutes les espèces. Le premier est une coupe verticale et longitudinale par le centre de l'organe, elle était déjà connue ; le second consiste à ouvrir les plicatures de la membrane qui compose le cerveau, d'après le sens dans lequel elles ont lieu. Une coupe analogue avait été pratiquée par Willis sur le cerveau du mouton, chez qui pourtant elle diffère et présente moins d'intérêt que chez l'homme. Cet anatomiste ne la fit point dans le même esprit que moi ; les conclusions qu'il en tire sont toutes renfermées dans l'intitulé de la planche qui en porte le dessin : *Vue de l'intérieur du cerveau de la Brebis.* Mais qu'y vit-il? la corne d'ammon, le corps strié, etc. des parties juxtaposées; qu'y voyait-on de plus alors? Je ne tiens, au reste, à cette préparation, que parce qu'elle m'a paru plus naturelle dans ma manière d'envisager l'organe, et que sur elle est modelé un simulacre de papier, au moyen duquel je représente si fidèlement les diverses parties, les plicatures et la direction même des fibres du cerveau, qu'un élève qui l'a vu une fois en nature, peut ensuite l'étudier chez lui sur le simulacre; cette manière d'ouvrir l'organe est encore infiniment plus commode pour son examen pathologique : double avantage qui n'est pas à dédaigner.

A part cela, j'attache à cette méthode

beaucoup moins d'importance que quelques personnes n'ont paru le faire. Son mérite n'est pas en elle-même, il réside tout entier dans l'idée principale pour le développement de laquelle je l'ai imaginée; cette idée est la continuité en forme de cercle de toutes les parties de l'appareil sensitif; il s'y rattache cinq ou six faits principaux d'où dépend la complication qu'on remarque dans les différentes espèces, comme j'ai pu m'en convaincre par l'anatomie comparée.

Cette dernière étude était trop essentielle pour que je pusse me dispenser d'en traiter en même temps; des animaux les plus simples, je m'élève aux plus composés, en suivant la gradation insensible des analogies. Plusieurs points obscurs dans les classes les plus élevées se trouvent ainsi résolus, sans qu'on se soit même perflu d'en analyser plus de deux ou trois de chacune. Avec un petit nombre d'indications, on peut, lorsqu'elles sont bien précises (et j'ai fait mon possible pour les donner telles), on peut, dis-je, se livrer facilement à l'étude de l'anatomie com- aperçu qu'ils pouvaient être l'objet de quelque difficulté. Mon but étant sur-tout de rapporter tout à l'intelligence du cerveau de l'homme auquel plus de la moitié de cet opuscule est consacrée; j'ai cru devoir réduire, autant que possible, les objets de comparaison puisés dans les quatre classes; quand ils sont si nombreux, ils fatiguent l'attention et l'on perd même le fil de ce qu'on sort de lire, pendant que l'on parcourt ces atlas de planches qui n'ont point de fin. Il existe d'ailleurs tant d'analogie entre tous les sujets d'une même classe, qu'il paraît vraiment su-

parée plus en grand; enfin, j'ai évité par là de faire, comme c'est assez la mode aujourd'hui, un très-gros ouvrage pour développer quelques vérités bien simples, et dont l'ennui autant que le prix trop élevé, éloigne les acheteurs et sur-tout les élèves.

ANATOMIE COMPARÉE

DU CERVEAU

DANS LES QUATRE CLASSES

D'ANIMAUX VERTÉBRÉS.

CHAPITRE PREMIER.

SUBSTANCES NERVEUSES.

Le système nerveux est composé de trois substances différentes par leur aspect, leur nature et leurs propriétés.

La première de ces substances est blanche et de nature fibreuse; M. Gall l'a établi, et personne ne conteste son opinion sur ce point aujourd'hui.

Elle paraît composer seule les nerfs, du moins l'œil ne peut y distinguer la matière grise.

Dans le cordon rachidien, la substance blanche est appliquée à la superficie des faisceaux dont elle constitue la majeure partie, elle occupe l'intérieur du cerveau.

Elle paraît être la matière éminemment, je dirai même, presqu'exclusivement sensible. Je me fonde sur ce qu'elle existe seule, comme je viens de le dire, dans les nerfs ; sur ce que, dans la moelle épinière où elle est superficielle, la sensibilité serait, d'après M. Magendie, beaucoup moins marquée à l'intérieur qu'à la surface. Cet expérimentateur dit que les animaux dont il perforait en long la moelle épinière avec un fil de fer, ne donnaient point les signes d'une aussi grande douleur, que lorsqu'il en irritait l'extérieur. Quelques physiologistes en ont tiré cette conclusion, que le fluide nerveux était comme l'électricité, c'est-à-dire, qu'il courait à la surface de ses conducteurs ; quoique je ne sois pas éloigné d'admettre un fluide nerveux, il me semble qu'avant d'en tirer cette conclusion secondaire, on doit en déduire cette première conséquence si naturelle, que la substance blanche est seule sensible, quel que soit le principe de la sensibilité, ou en admettant un fluide, qu'elle est meilleure conductrice. On peut encore argumenter de ce qu'il n'existe aucune interruption de la substance blanche dans tout le cercle de l'appareil nerveux; la fibre change de direction, forme des sinuosités, mais est toujours continue; tandis que la substance grise est répandue en amas plus ou moins gros, plus ou moins distans sur le trajet de la substance fibreuse. A l'appui de cela, nous remarquerons aussi que la substance grise ne participe jamais à aucune commissure; or, les commissures sont faites pour lier les relations, et, de plus, pour les croiser, comme nous le verrons; Donc, les effets nerveux qui sont tous croisés, ne peuvent prendre leur source que dans la substance blanche et non dans la grise.

La substance du second genre est grisâtre, noirâtre, jaunâtre, rougeâtre; dans toutes ces variétés, elle est toujours principalement vasculaire et doit au sang sa coloration; c'est elle qui le transmet à la substance blanche qu'il nourrit et dont il crée et entretient l'énergie; elle n'a de sensibilité qu'en raison de ses rapports avec cette dernière; et je pense avec le célèbre Tieddemann, que tel est son unique usage. On lui a beaucoup trop accordé de propriétés. M. Gall en a fait la substance essentiellement sensible qui compose la couche muqueuse du

derme et sur-tout la *matrice* des nerfs ; la névro-
génie a fait tomber cette opinion, puisqu'elle
a démontré que la substance fibreuse est formée
avant elle. Ces filets nerveux seraient, suivant
le même auteur, enracinés dans la substance
grise ; mais nous verrons, en examinant les
faisceaux et les origines des nerfs, que cette assertion n'est pas exacte.

Nous trouvons enfin une troisième substance
qui ne paraît être ni la matière des vaisseaux,
ni la matière fibreuse proprement dite ; elle
est gélatineuse, pulpeuse, grasse et paraît contenir de l'albumine. C'est elle, sans doute, qui
mitige dans la substance corticale qui la sécrète, la couleur brune des vaisseaux ; elle
existe aussi dans la matière médullaire.

Sous l'influence de quelques réactifs, la dis-
solution du mercure par l'acide nitrique, la
substance grise tombe en poussière, et la
blanche, au contraire, conserve un aspect
soyeux, par l'ébullition dans l'huile, la substance corticale se grumèle comme le sang ;
nouvelle preuve de sa composition vasculaire.

Je ne sais si l'on peut mettre en question laquelle de ces trois substances est plus particu-
lièrement le siége des sensations et de l'intelligence ; il me paraît plus sage de croire qu'elles

concourent toutes à ces phénomènes étonnans,
et que leur mélange est une condition essentielle de la modification d'où dépend l'exercice
des fonctions du cerveau.

La substance cérébrale varie un peu dans
les différens animaux; elle est plus consistante
dans ceux des classes supérieures. Dans les
poissons, elle est presque muqueuse, et ne se
concrète pas par la coction. La consistance et
la proportion des substances varient aussi suivant les âges. Ces différences seront indiquées en
traitant de chaque espèce.

Nous ne saurions nous dispenser de dire un
mot sur les analyses chimique et microsco-
pique du tissu cérébral, depuis qu'un auteur
célèbre a prononcé les mots de *chimie vivante,*
et que la physiologie, étendant son horizon
par le microscope, est venue analyser les phénomènes fibrillaires des nerfs dans les organes,
comme la physique étudie les actions atomis-
tiques des corps dans leurs dissolutions.

D'après l'analyse faite par M. Vauquelin, la
matière cérébrale renferme : de l'eau, une
substance grasse blanche, une substance grasse
rouge, de l'ofmazôme, de l'albumine, du phosphore combiné aux matières grasses blanche et
rouge, du souffre, du phosphate acide de

chaux et de magnésie, et un peu d'hydroclo-
rate de soude.

D'une part, l'on sait que le cerveau reçoit, proportionnellement à son volume, plus de sang qu'aucun autre organe, qu'il est le seul dont la substance fournisse du phosphore libre à l'analyse; de l'autre, que l'urine parmi nos humeurs, les os parmi nos solides, nous offrent des sels où ce radical abonde, ce qui ferait croire que le cerveau est la source d'une combinaison - très-active de l'oxigène avec cette substance.

Cette combinaison, d'après les lois de la physique, ne doit pas se faire sans un grand dégagement d'électricité, dont l'intervention dans les phénomènes nerveux établie anciennement par Girtner et d'autres physiologistes, vient d'être rendue plus probable que jamais par MM. Prevost et Dumas, dans leurs belles expériences sur la contraction musculaire.

Il résulte, des recherches de ces deux derniers auteurs et de celles de M. Milne-Edwards sur le tissu du cerveau et des nerfs, conciliées avec les observations de Fontana, Home et d'autres, leurs devanciers, 1° que le tissu nerveux est composé comme tous les tissus animaux quelconques, de molécules élémentaires, identiques, du diamètre de un trois centièmes de millimètre. Ces globules rangés par séries comme les grains enfilés d'un chapelet, constituent des fibres élémentaires; celles-ci, réunies quatre à quatre, forment les faisceaux fibreux primitifs tellement tenus, qu'on en compte approximativement vingt mille dans un nerf de la grenouille de un millimètre carré. Ces nerfs étalent dans les muscles en une nappe fibreuse ces mêmes faisceaux entourés d'un tissu cellulo-graisseux. D'après M. Edwards, les fibres primitives composant ces mêmes faisceaux fibreux dans l'encéphale et dans les nerfs, sont isolés entr'elles par des globules de graisse; considérations précieuses, si l'on veut voir dans le système nerveux un appareil électro-moteur animal. Toujours, dans cette même hypothèse, il ne faudrait pas considérer sans intérêt cette liqueur dont la substance cérébrale s'imbibe et qu'elle dégorge sans cesse par l'intermède de l'arachnoïde. On sait quel rôle important peut jouer un liquide salé dans des fonctions de ce genre.

Ainsi constitué, l'appareil nerveux marche sous les deux types de faisceaux ou de membranes dont les caractères distinctifs sont tirés des rapports respectifs des substances grise et blanche. Dans les faisceaux (moelle épinière, moelle allongée), la grise est interne, et la blanche ou fibreuse, occupe la superficie. Dans les expansions membraneuses (cerveau et cervelet), c'est, au contraire, la matière blanche qui est recouverte par la grise nommée, à cause de cela, corticale ; cette qualification conviendrait aussi bien à la blanche considérée dans les faisceaux, puisqu'elle enveloppe en dehors la substance grise.

L'organisation intime des membranes dans les animaux, où rien n'empêche de la distinguer, tel que le lapin, au dessous de six semaines seulement, permet à l'œil de saisir une disposition des faisceaux fibreux secondaires, semblable à celle que M. Edwards a vue au microscope entre les fibres élémentaires qui constituent les faisceaux primitifs ; ceux-là, d'une ténuité extrême, disséminés parallèlement sur toute la surface interne du réseau des hémiphères, sillonnent la troisième substance que sécrète l'enve loppe corticale. Cet effet ne se voit plus chez les animaux dont les hémisphères sont froncés, c'est-à-dire, pourvus de circonvolutions ; mais l'on a certainement le droit de penser que la lame blanche aux duplicatures de laquelle ces plissemens sont dus, n'est pas autrement composée. On voit en même temps par là combien doivent être infidèles et illusoires les préparations que l'on pratique quelquefois pour rendre apparente la direction des fibres du cerveau ; la coction, les acides que l'on emploie ont la propriété de concréter l'albumine et la matière grasse, et de les rendre friables; quaud ensuite on les rompt, l'on obtient des fibres artificielles qui n'ont ni leur direction, ni leur ténuité naturelles; ce sont de véritables accidens propres à induire dans l'erreur.

M. Flourens avait le premier fait cette distinction de faisceaux et de membranes. Elle est purement anatomique ; car, pour se faire une idée juste de la physiologie du système nerveux, il ne faut pas le diviser ; on doit l'envisager comme un système unique et continu ; et, sous ce rapport, on peut le considérer comme composé de deux grands arbres confondus par leurs racines dans l'encéphale, par leurs rameaux dans les organes, et adossés par leurs troncs le long du rachis, absolument comme Bichat représente les deux grands arbres vasculaires à sang rouge et à sang noir dans son anatomie générale ; l'un d'eux envoie ses branches dans l'encéphale, et l'autre dans

toutes les parties. Dans l'un, circule la sensibilité de bas en haut ; c'est aussi dans ce sens
que se porte le sang noir dans l'autre, circule
la motilité, de haut en bas ; c'est aussi dans
cette direction que coule le sang artériel. Dans
l'un comme dans l'autre cas, ce phénomène est
succédané. Le fluide, dans les nerfs, comme
le liquide dans les vaisseaux, est porté d'un
point à un autre, d'où il est renvoyé au premier. Le mot *circuler* est juste pour tous les deux.
L'anastomose en forme d'anse des nerfs antérieurs et postérieurs décrite par MM. Prevost
et Dumas, dans les organes, et l'anastomose
semblable des mêmes nerfs que nous aurons
lieu d'observer dans les encéphales des quatre
classes, nous ferons voir que le cercle sur lequel
a lieu le circuit dont nous venons de parler,
n'est pas moins fermé dans l'appareil nerveux,
que dans l'appareil sanguin, par ses deux extrémités. Je ne pousserai pas plus loin la comparaison, ce qui serait inutile ; parmi plusieurs
différences, j'en signalerai une importante
dans l'anatomie du cerveau. C'est que les gros
vaisseaux qui forment les troncs des deux arbres à sang rouge et à sang noir, ainsi que le
cœur, leur agent d'impulsion, sont simples
et irréguliers, quoique distribuant aux deux

moitiés du corps. Les arbres nerveux sont doubles et pairs ; la symétrie se soutient toujours
mieux dans la vie animale.

Cette parité , cette symétrie ont nécessité ,
dans le système nerveux , des communications
auxquelles on a donné le nom de commissures.
Jusqu'à présent on les a crues, gratuitement co-
me semble , destinées à réunir ; c'est le sens
grammatical de cette expression. Il a toujours
paru si naturel qu'un appareil symétrique fût
réuni sur la ligne médiane , que MM. Gall et
Spurzheim ont distingué , dans le système nerveux , des appareils de formation , de renforcement et de réunion ou commissures (1). Il
est à remarquer cependant que le système nerveux des poissons et des reptiles dont le cerveau est privé de la plupart des commissures ,
n'est pas moins simétrique que celui des animaux supérieurs. Si , pour apprécier le but des
commissures de l'encéphale , nous examinons
celles des autres systèmes , nous reconnaissons
qu'il en existe une formée des os médians à laquelle se rattachent , par des tendons et des
aponévroses, toutes les puissances motrices de

---

(1) Tout récemment encore M. Serres a *fondé* une
double loi de symétrie et de conjugaison.

l'économie ; son usage est donc de ne faire qu'un seul animal des deux moitiés du corps , et de centraliser tous les mouvemens en donnant aux leviers qui les exécutent, un point d'appui sur la ligne médiane. Aucune explication de ce genre n'est applicable à l'encéphale.

La physiologie , d'autre part, nous enseigne que le circuit qui s'établit par un nerf , suit la fibre rectiligne ou curviligne , sans jamais se transporter par contact sur une fibre voisine , ce qui pourrait provenir de ce qu'elles sont isolées , comme nous l'avons remarqué plus haut , par un corps gras.

Ces réunions, si elles n'étaient que des adossemens, ainsi qu'on le conçoit, n'auraient donc aucune cause puisée ni dans le mécanisme , ni dans les fonctions connues du cerveau.

Si l'on compare les commissures de l'encéphale entr'elles , on voit d'abord qu'il en existe deux grandes, celle du pont de varole pour le cervelet, et celle du corps calleux pour le cerveau ; ce sont les deux renflemens principaux des quatre classes , mais sur-tout des deux supérieures. On compte encore plusieurs autres commissures partielles , et nous remarquerons que les nerfs encéphaliques y prennent toujours leurs origines : elles seront décrites dans la moelle allongée, et nous y reviendrons quand il s'agira des origines des nerfs. Ne nous occupons que des commissures générales dans le secret desquels est renfermé celui des autres.

Les deux commissures du cervelet et du cerveau, la protubérance annulaire et le corps calleux n'ont été reconnus que chez les mammifères ; on admettait cependant que la lame rayonnante des oiseaux était l'analogue du corps calleux. Nous verrons dans l'anatomie de cette classe, qui sert de passage des animaux inférieurs aux supérieurs dont elle a les caractères, nous verrons, dis-je, qu'elle est pourvue, selon toute apparence, d'une commissure du cervelet qui, différant, ainsi que son corps calleux, de la protubérance et du corps calleux des mammifères, a pu mettre les anatomistes en défaut.

Cela établi, l'on peut poser comme une règle invariable, que le corps calleux ou ses analogues n'existent jamais sans la protubérance ou ses analogues ; à ce fait se rattachent toujours les conditions suivantes : dans les mêmes animaux l'on trouve, en même temps, les commissures partielles de la moelle allongée, et les fibres de leurs cerveaux sont toujours plus ou moins transversales.

Une autre coïncidence n'est pas moins frappante ; c'est que les commissures générales et partielles , dont nous parlons , n'existent que dans les classes où l'on voit le croisement que d'autres ont nommé la décussation des pyramides, si bien décrite par MM. Gall et Spurtzheim. Ainsi les poissons et les reptiles qui n'ont point de grandes , mais seulement quelques petites commissures , sont également privés du croisement des pyramides, et les fibres de leurs encéphales sont longitudinales comme celles de la moelle épinière.

Que conclure de là ? M'étant aperçu que la couche superficielle de la protubérance , chez tous les animaux qui en ont une, ainsi que le repli postérieur du corps calleux chez l'homme et le singe seulement , renferment des croisemens évidens , au lieu d'un simple adossement qu'on avait décrit pour ces deux commissures, je ne doutai plus que les croisemens qu'on voit au sommet ou à la fin de l'encéphale , ne fussent une conséquence de celui qui existe à sa base. Par ce moyen , les fibres qui s'étaient croisées au collet du bulbe rachidien , se décroisant au corps calleux ou dans la protubérance , repassent au côté du corps qu'elles avaient d'abord abandonné , et viennent ainsi compléter le cercle que nous verrons si bien, mais en ligne directe et sans croisement, chez les animaux inférieurs.

Je crois donc pouvoir dire, 1° que le système nerveux est un cercle double et symétrique dont l'arc inférieur est dans les faisceaux (moelle épinière et moelle allongée), et l'arc supérieure dans les mêmes faisceaux épanouis en membrane (cerveau et cervelet); 2° que, chez les animaux des deux classes inférieures, ce cercle est droit de chaque côté du corps, tandis que chez ceux des deux classes supérieures, chacun de ces cercles croise obliquement l'opposé d'un côté du corps à l'autre côté de la tête, et que cet échange a lieu par trois grandes décussations, dont la première comprend la généralité des fibres montant à l'encéphale, et chacune des deux suivantes, une portion seulement de ces mêmes fibres qui en descendent; 3° qu'à part ce grand caractère, qui semble réservé aux animaux à deux ou à quatre mains, et sur-tout à ceux chez qui ces appendices sont destinés à la station (sans prétendre néanmoins que ce soit l'unique condition); tous les renflemens, saillies, éminences, tubercules, etc. (J'appelle du premier nom, toute duplicature des membranes contenant une cavité, et j'entends , par les autres , tout amas solide de substance grise ou blanche , ou de leur mélange) , existent les mêmes dans toutes les classes ; seulement plus ou moins développés , mais tenant toujours aux mêmes parties de la moelle allongée par leur base , quoique quelquefois leur périphérie change de place quand ils sont très-prédominans.

Ces trois propositions , un peu complexes , renferment l'énoncé du caractère général de ressemblance , ainsi que des principales différences d'après lesquelles on peut considérer le système nerveux des quatre classes.

Pour mettre ces choses en évidence , nous étudierons dans tous les encéphales, d'abord leur conformation extérieure pidement, puis leur organisation intime, c'est-à-dire, la direction et ra continuité des fibres qui les composent. Quand ces deux choses cesseront d'être apparentes dans une classe, nous les retrouverons dans une autre classe ou seulement dans une autre famille ; nous aurons lieu de nous convaincre que , dans tous les renflemens ou saillies du cerveau , la partie blanche ou fibreuse n'est jamais interrompue. Dans quelque direction qu'elle se trouve , elle fait toujours partie du cercle général ; ainsi les fibres transverses de la protubérance ne sont autres que les fibres droites des pyramides qui, après s'être repliées dans le cerveau, descendent par la corne d'ammon, le septum lucidum, la voûte, ses piliers antérieurs et leurs dépendances, jusqu'au cervelet; là, prenant une direction horizontale et circulaire, elles contournent dans la protubérance, les pyramides anterieures, en se croisant au devant d'elles, descendent ensuite dans la moelle épinière par les faisceaux moyens et les faisceaux postérieurs, adossés aux faisceaux antérieurs, au sommet desquels nous avons pris leur origine.

Les fibres des faisceaux étant celles des nerfs des organes, on pourrait, en suivant un nerf d'un point quelconque de la périphérie du corps, monter par un des faisceaux de la moelle à l'encéphale et en redescendre par l'autre. Ce trajet se ferait en droite ligne chez les poissons et les reptiles; il aurait lieu dans les animaux supérieurs, en serpentant d'un côté du cerveau à l'autre. Ces zig-zag, formés de chaque côté en sens opposés, se rencontrent sur la ligne médiane, et chaque point d'occurrence répond à un des croisemens que nous décrirons dans l'encéphale.

J'ai adopté, comme je l'ai dit plus haut, la

division du système nerveux en faisceaux et en membrane ; elle partge du haut en bas le cercle nerveux en deux segmens dont les caractères anatomiques sont bien tranchés et conviennent d'autant mieux pour une description , que le type des faisceaux est le même dans les quatre classes ; en sorte que sa description sera unique pour toutes : le type des membranes change , au contraire , et nécessite autant de descriptions séparées qu'il existe d'espèces. Devant exposer un mode d'étude des membranes tégumenteuses du cerveau , la dure-mère , l'archnoïde et la pie-mère , calqué sur le développement de l'organe lui-même , nous renvoyons leur description après celle de l'encéphale. Nous allons commencer par les faisceaux.

CHAPITRE II.

DES FAISCEAUX EN GÉNÉRAL.

Je comprends , sous le nom de faisceaux, tout ce qu'on avait appelé moelle épinière et moelle allongée. Ces faisceaux représentent,un arc de cercle , comme nous l'avons dit. Il faut concevoir sa courbure au bas du rachis , quoiqu'elle ait vraiment lieu dans les organes où se rendent les nerfs rachidiens, antérieurs et postérieurs, et où ces nerfs s'anastomosent en formant une anse , comme MM. Dumas et Prevost l'ont établi. Les faisceaux règnent depuis les premières vertèbres lombaires , où les nerfs , dont nous venons de parler , réunissent leurs filets antérieurs et postérieurs pour donner naissance par chacun d'eux aux faisceaux correspondans du rachis , jusqu'à la terminaison des pédoncules, au devant de la fosse susorbitaire, contre le bord postérieur des petites ailes du phénoïde. En cet endroit, les faisceaux antérieurs commencent à former, par l'écartement de leurs fibres , le réseau membraneux auquel est due la masse des hémisphères.

Les faisceaux postérieurs règnent jusques et compris les piliers antérieurs du trigone ; c'est aussi le point qui répond à la terminaison des faisceaux antérieurs. Il y a donc entr'eux cette seule différence, que les premiers sont couronnés tout-à-fait à leur extrémité par le renflement cérébral auquel ils donnent origine, tandis que le cervelet , dans les deux classes d'animaux supérieurs , ne couronne point la terminaison des faisceaux postérieurs , mais se trouve situé sur leur trajet dans l'encéphale ; de sorte que, bien qu'une partie des piliers du trigone soit déjà l'origine des faisceaux postérieurs , on ne prend ces derniers qu'à l'issue du cervelet , au bas du calamus scriptorius , parce qu'après s'être resserrée en faisceaux depuis l'extrémité du trigone , jusques et compris les *processus tertium ad cerebellum* , la membrane nerveuse s'épanouit de nouveau dans le cervelet , pour se fasciculer de rechef au bas de cet organe dans les pyramides postérieures ; un autre faisceau , le moyen ou latéral , qu'on avait jusqu'à présent confondu avec le postérieur, mais qui est intermédiaire à ce dernier et à l'antérieur, naît comme celui-ci immédiatement de la membrane. Cette démarcation est fondée au reste sur les caractères généraux suivans : Par-tout les faisceaux sont aptes à fournir des nerfs, soit du mouvement, soit du sentiment ; partout aussi ils jouissent d'une sensibilité exquise, plus grande, d'après M. Magendie, dans les postérieurs, elle ne cesse qu'à l'endroit où ils cessent de recevoir des nerfs : c'est aussi l'endroit où ils cessent d'exister, où ils se convertissent en membrane. En effet, M. Flourens pèse le terme de la sensibilité des faisceaux postérieurs aux tubercules quadrijumeaux, où les derniers nerfs optique et pathétique viennent se renfler. Quant à la face antérieure des faisceaux, elle est sensible jusqu'à la fin des pédoncules où s'implantent les nerfs moteurs oculaires communs. Les membranes, au contraire, comme l'avait déjà observé Bichat, peuvent être en général dilacérées, sans que les animaux donnent de grands signes de douleur.

Les faisceaux reçoivent quarante-deux paires de nerfs tous issus par deux ou trois ordres de filets, les uns antérieurs, et les autres postérieurs ou moyens; six de ces paires sont nommées sacrées et prennent leurs issues par les trous de l'os *sacrum*, vingt-quatre rachidiennes, sortent par les trous de conjugaison du rachis; les sacrées et les rachidiennes se confondent dans les ganglions intervertébraux ; enfin les douze paires emphaliques reçoivent également presque toutes des filets antérieurs et postérieurs, ou moyens que le ligament dentelé ne sépare point. Elles naissent de commissures particulières , et prennent leur issue par les trous des vertèbres crâniennes. Ces dernières paires fixeront notre attention après la description du cerveau.

On ne saurait donc considérer les faisceaux dans leur partie encéphalique autrement que dans le reste de leur étendue , et la cavité qui les renferme n'est qu'un rachis dilaté , d'après cette idée émise par M. le professeur Duméril, que le crâne est une vertèbre ; idée subdivisée par MM. de Blainville et Geoffroy de Saint-Hilaire, et appliquée fractionnairement à plusieurs sections des os du crâne. En effet, dans cette partie comme dans les autres, la substance blanche est extérieure et la grise intérieure ; ainsi , même organisation, même sensibilité , mêmes rapports dans leur position antérieure et postérieure. Chez les animaux inférieurs , cette région ne diffère que par une plus grande quantité de substance grise qui augmente son volume. Dans les deux classes supérieures , il y a de plus les décussations générales et partielles ; ce qui complique néanmoins assez sa structure , pour que nous soyons obligés d'en faire une description spéciale ; mais au moins nous saurons qu'elle s'étend depuis le collet du bulbe rachidien jusqu'à la couche optique où commencent les membranes. Jusqu'ici chacun avait appelé moelle allongée l'une ou l'autre seulement des parties comprises dans cet espace : nous n'en excepterons aucune ; nous allons commencer par la moelle épinière , qui est la même dans les quatre classes.

Portion rachidienne des faisceaux.

Les meilleurs et les derniers traités que nous ayons sur la moelle épinière , sont ceux de Keuffel , de MM. Rolando , Olivier d'Angers et Bellingeri. Les recherches de ce dernier anatomiste ont sur-tout un caractère de profondeur qui en fait un ouvrage précieux; mais une chose qui surprend , c'est que M. Bellingeri n'ait pas étendu ce travail aux deux classes inférieures , et sur-tout à leurs moelles allongées , ni à la moelle du fœtus à terme , ni moins encore à cet organe chez l'embryon; car les travaux du célèbre Tieddmann ont laissé , sur le développement de cette partie dans le fœtus, une lacune dont on a lieu de s'étonner. Je ne la remplirai pas non plus moi-même , parce que ma position ne me le permet pas ; cette tâche sera probablement accomplie dans le bel ouvrage auquel le chef des travaux anatomiques , M. Breschet , se livre en ce moment, sur toutes les parties de l'embryogénie.

Cet habile anatomiste m'ayant fait l'honneur de m'admettre à quelques-unes de ses recherches délicates, je puis dire , de son aveu, que les faits qui se sont présentés jusqu'à présent à ses yeux , lui ont paru très-propres à confirmer les principes que l'on trouvera développés dans ce traité. Il m'a fait apercevoir très-clairement un jour , dans la moelle épinière d'un fœtus de sept à huit semaines , non encore réunie sur la ligne médiane , trois faisceaux visibles sur la face interne de chaque moitié de cet organe. Quant à l'évolution générale de l'encéphale , elle sera présentée par lui avec une philosophie qui manque aux traités que nous avons dans ce genre.

J'ai sur-tout étudié la moelle dans les classes inférieures, qui représentent, comme on sait, jusquà un certain point, la permanence de l'état embryonnaire des supérieures. Néanmoins, c'est plutôt de la moelle allongée ou connexion des faisceaux avec l'encéphale traitée un peu vaguement, ce me semble, par M. Bellingeri, que nous verrons jaillir la lumière; toutefois les résultats de mes recherches sont en grande partie confirmatifs des recherches de M. Bellingeri, avec cette différence qu'il croit que les faisceaux moyens et postérieurs, c'est-à-dire, la plus forte portion de la moelle communique avec le cervelet, tandis, au contraire, qu'il m'a paru bien évident que les trois faisceaux communiquaient également avec le cerveau, mais le postérieur seul après avoir communiqué avec le cervelet.

L'examen de la moelle porte en général sur la situation respective et la prédominence de l'une ou l'autre des substances grise et blanche qui la composent, et sur le nombre et la force des faisceaux de cette dernière. Ce dernier point sur-tout doit fixer l'attention depuis l'expérience de M. Magendie.

M. Bellingeri reconnaît à la moelle six faisceaux; deux antérieurs, deux postérieurs et deux moyens. Cette division en six faisceaux est indiquée selon cet auteur par les quatre cornes de la substance grise, interposée entr'eux. Cette substance, quoique variable par sa forme dans les diverses régions de la moelle coupée trans versalement, représente toujours deux demi-cercles adossés et imitant plus ou moins la forme de la lettre *(Voyez fig.* 20). Les extrémités supérieures et inférieures de ces demi-cercles, qu'il nomme cornes, indiquent la division en six parties de la moelle. Il reconnaît cependant que les seuls faisceaux postérieurs sont entiè-rement séparés, soit des faisceaux moyens qui les avoisinent par les cornes postérieures de la substance grise qui parviennent jusqu'à la péri-phérie de la moelle; soit l'un de l'autre, par le sillon médian postérieur qui pénètre de la péri-phérie jusqu'à la substance grise centrale; tandis que les faisceaux antérieurs communiquent en-semble sur la ligne médiane, par une lame mé-dullaire qui empêche le sillon qui les divise de pénétrer jusqu'à la substance grise, et se con-tinuent aussi avec les faisceaux moyens, parce que les cornes antérieures de la substance grise ne se portent pas jusqu'à la périphérie.

De là l'auteur conclut qu'il est aussi fondé à regarder comme une division suffisante les sillons trop courts qui séparent les faisceaux moyens des antérieurs, qu'il pourrait l'être à nier la division des deux faisceaux antérieurs, parce que le sillon qui les sépare ne règne pas dans toute leur profondeur. Mais cette raison est faible, si l'on considère que dans l'embryon, la moelle, quoique déjà bien formée, est entièrement séparée sur la ligne médiane, ce qui fait voir que les deux moitiés, d'abord isolées, se réunissent antérieurement, et jamais par la face postérieure, puisque le sillon de cette face pénétre toujours jusqu'à la substance grise. D'après quelques auteurs, le mode de réunion des faisceaux antérieurs serait une engrenure, comme on l'avait aussi indiqué pour le corps calleux, mais la commissure des faisceaux ne doit point être une décussation comme les commissures de l'encéphale, puisqu'aucune donnée physiologique ne porte à le croire. Cette communication, au reste, pourrait bien avoir un but que l'on ignore comme ceux de tant d'autres dispositions. M. Bellingeri admet donc deux sillons médians, l'un antérieur, l'autre postérieur; plus, quatre sillons collatéraux, dont deux en avant et deux en arrière, correspondant aux cornes de la substance grise. Entre les sillons antérieurs et postérieurs, et leurs collatéraux, il admet sous le nom de scissures, des sillons moins prononcés qui ne sont pas apparens dans toutes les régions de la moelle, et qui servent, dit-il, à donner naissance à dés racines plus ou moins profondes des nerfs rachidiens. Quelques-unes de ces racines, et ce sont celles qui porteraient la sensibilité, pénètrent jusqu'à la substance grise à laquelle il attribue cette propriété; il fonde cette opinion sur les origines des nerfs de la tête qui président aux sens extérieurs, lesquels naissent d'après lui, de la substance grise. Mais notre description des origines des nerfs encéphaliques établira qu'ils sortent tous au contraire de la substance fibreuse. Il observe encore, à l'appui de cette manière de voir, que les ganglions spinaux sont exclusivement formés par les racines postérieures, comme les ganglions de la tête, le lenticulaire excepté, par les nerfs des sens extérieurs. Enfin, il observe que les faisceaux moyens qu'il prétend destinés aux fonctions organiques, sont d'une dimension plus égale, et surpassent aussi en volume les deux autres faisceaux; que parmi ces derniers, les antérieurs ou les postérieurs sont prédominens dans la moelle des diverses espèces, ou même dans les diverses régions de la moelle, suivant la prédominence des mouvemens de flexion qu'il attribue aux antérieurs, ou de ceux d'extension qu'il assigne aux postérieurs, dans quelques parties ou dans la constitution générale de l'animal.

Pour nous, guidés par les idées que nous avons émises sur la substance grise, et la non interruption de la blanche, nous nous sommes attachés sur-tout à déterminer la forme et la grosseur des faisceaux blancs fibreux dans tous les âges et dans toutes les classes. Or, en n'admettant comme division réelle que les sillons qui, du centre parviennent à la périphérie, et regardant comme analogue aux sutures du crâne, qui n'empêchent point qu'on n'y compte plusieurs os, cette conjugaison des faisceaux antérieurs, qui a l'aspect d'une lame dans la section transversale, nous avons reconnu que ces faisceaux étaient doubles, comme dans la vie utérine avant leur réunion.

Ils paraissent quadruples ainsi que les postérieurs dans le fœtus à terme. Huit sillons extérieurs partagent longitudinalement la moelle en autant de bandes médullaires, lesquelles se réunissant bientôt deux à deux, n'offrent plus à la section transversale, comme à l'extérieur, que quatre faisceaux. Les antérieurs ressemblent à deux lanières médullaires à demi roulées sur elles-mêmes et réunies dans le milieu par leurs bords internes, tandis que leurs bords externes s'écartent en formant une espèce de gouttière triangulaire, dans laquelle est reçu le sommet du prisme que représentent les deux faisceaux postérieurs. Au milieu d'eux on distingue le sillon dorsal de la moelle épinière. Le vide que présente la concavité des lanières à demi roulées des faisceaux antérieurs, et les sillons obliques (collatéraux postérieurs de M. Bellingeri), qui les séparent des postérieurs, étant occupés par la substance grise, celle-ci présente, en effet, la figure quadrangulaire de la lettre *(Voyez fig. 20)*.

Considérés dans les fœtus à terme sur-tout, et même chez l'adulte, les faisceaux postérieurs m'ont paru plus serrés, plus denses, et en raison de cela, aussi forts en matière blanche que les antérieurs, quoiqu'occupant un moindre espace que ces derniers dans la moelle. Ces proportions varient chez les animaux; dans les mammifères en général, les antérieurs m'ont paru avoir plus du double en volume des postérieurs. Les racines des nerfs fournies par les faisceaux postérieurs sont beaucoup plus volumineuses, comme on le voit sur-tout dans ce que les anciens anatomistes nommaient la *queue de cheval*.

Dans le fœtus à terme, la moelle est bien plus consistante que dans l'adulte, et souvent se dépouille aisément de sa membrane propre. Le cerveau en revanche est fort mou ; le contraire s'observe dans l'adulte.

La variation la plus remarquable dans les moelles épinières des quatre classes, est celle qu'offre la substance grise ; elle est si peu consistante dans les poissons et les reptiles, que l'espace qu'elle occupe dans l'intérieur paraît vide et renferme un véritable canal.

CHAPITRE III.

MOELLE ALLONGÉE ET ENCÉPHALE DES POISSONS.

Moelle allongée.

Quelque constante que paraisse la quadri-partition de la moelle épinière, il se dessine constamment six faisceaux, dont trois de chaque côté ; à l'extérieur de la moelle allongée, savoir : 1° le pyramidal antérieur, qui comprend aussi l'olivaire; 2° le moyen sur les côtés ; 3° le pyramidal postérieur. Quelques auteurs ont confondu ce dernier et n'en ont fait qu'un, mais à tort, avec le moyen ; cela vient de ce que, dans l'intérieur de la moelle allongée, on n'a jamais bien déterminé la limite ni la forme des trois faisceaux sus énoncés ; et cette indétermination vient de ce que l'on n'a pro-

bablement pas assez comparé l'état de ces parties dans les différens âges , sur-tout chez
l'homme , où l'on ne distingue très-bien ce qui
appartient à chaque faisceau , qu'à une certaine
époque rapprochée de celle de la naissance.
Nous allons voir qu'ils sont parfaitement les
mêmes dans toutes les classes ; mais pour rendre
leur description précise , je suis obligé de changer ou d'ajouter quelque chose à la nomencla-
ture ; j'appellerai faisceau de l'infundibulum ,
le faisceau moyen , parce que c'est , chez tous
les animaux , dans cet endroit qu'il commence
d'être apparent.

Je vais décrire , avec le plus de soin possible ,
la moelle allongée et l'encéphale d'un des poissons les plus simples , le merlan , en discutant
les diverses opinions des encéphalotomistes sur
les cerveaux de cette classe ; nous examinerons
ensuite leur structure intime.

La moelle allongée , chez les poissons , ne
présente d'autre complication qu'une intumes-
cence due à la quantité plus grande de substance grise , et chez plusieurs, tels que la raie ,
par exemple , des festons plus ou moins volumineux de substance grise qui surmontent les
bords du calamus scriptorius ; et que l'on pourrait presqu'aussi bien regarder comme une dé-

pendance du cervelet auquel ils font suite.
(*V. fig.* II', b.)

On aperçoit en arrière de la moelle allongée,
1° (1) les pyramides postérieures montant au
cervelet, leur écartement constitue le calamus
scriptorius et le quatrième ventricule ; 2° on
voit sur les côtés les faisceaux moyens qui semblent se terminer en haut, et en dedans des
festons gris de la moelle allongée, c'est-à-dire,
au niveau de l'insertion de la quatrième paire
des nerfs de la tête; c'est le faisceau de l'infundibulum dont nous allons voir la suite à la face
antérieure : sur la ligne médiane de cette
face antérieure (*fig.* I *bis* a) on voit à la
hauteur du collet du bulbe rachidien, dans
l'espace de deux lignes, quelques fibres transverses et écartées, lesquelles règnent d'un faisceau moyen à l'autre ; 3° dans ce même
point l'on reconnaît les faisceaux pyramidaux

---

(1) *Fig. I*. Tout ce qui sera énoncé par 1°, 2°,
3°, etc. ; se trouvera dans la figure de l'objet décrit sous
un chiffre correspondant. Ainsi, les indications ne seront pas toujours annotées dans le cours de la description, tout ce qui ne sera pas ainsi désigné numérique-
ment, ou l'aura déjà été, ou bien sera quelqu'objet que
le dessin ne peut pas exprimer; alors une description
plus complète y suppléera.

antérieurs auxquels on ne distingue point de division analogue à celle du faisceau olivaire, ils s'écartent l'un de l'autre et se dirigent chacun en dehors, et en haut dans l'intérieur du renflement que l'on trouve en avant du cervelet ; 4° deux faisceaux moins blancs et moins médullaires , ce sont les moyens qui , des côtés, viennent par dessous et entre les deux précédens, ressortir à la face antérieure (cela simule assez bien un croisement de pyramides qui n'existe pas), puis ils se dirigent en augmentant toujours de volume, aux deux lobes qu'on voit à cette face antérieure de chaque côté de l'infundibulum, et s'y épanouissent visiblement. Au devant de ces lobes, les faisceaux dont il s'agit sont traversés superficiellement par une bandelette fibreuse qui règne de l'un à l'autre des centres médullaires des tubercules posés en avant du cervelet, où nous avons dit que se rendaient les faiceaux pyramidaux.

M. Serres prétend que les lobes de l'infundibulum que Tieddmann n'ose pas affirmer être les tubercules mammillaires , sont une dépendance du nerf optique et qu'ils en suivent les dimensions. Il se fonde sur ce qu'il paraît étonnant que les tubercules pisiformes, qui ne sont divisés que chez l'homme et quelques carnassiers, ne forment déjà plus qu'une masse unique dans les autres classes bien moins dégradées que celle des poissons. Sans décider si la division des éminences mammillaires est un signe certain de perfection, je croirais, s'il m'était permis d'avoir une opinion, que les lobes de l'infundibulum en sont les analogues; car le nerf optique n'en reçoit aucun radicule, et nous aurons lieu de remarquer, dans toutes les classes qu'il en descend, ce faisceau qui, après avoir régné dans un espace plus ou moins long à la face antérieure, traverse obliquement en arrière la moelle allongée, se rend plus ou moins bas au plancher du quatrième ventricule et du calamus scriptorius, et de là dans la moelle où l'on ne peut plus le distinguer des autres. Sous ce rapport encore, M. Cuvier aurait très-bien déterminé ces deux lobes sous le nom de couches optiques; car l'infundibulum, sur le côté duquel ils sont situés, n'est autre chose que la base de la couche optique comme on sait ; et le lobe en avant du cervelet serait bien aussi l'hémisphère, puisqu'il reçoit les cordons pyramidaux ou olivaires. Voilà donc des points remarquables que nous retrouverons dans toutes les classes : les faisceaux antérieurs s'écartent et montent d'avant en arrière et de dedans en dehors, à la superficie de la moelle allongée. Les faisceaux, au contraire, qui proviennent de l'infundibulum, descendent d'avant en arrière au dessous des précédens, et ressortent à la partie latérale postérieure de la moelle allongée, ce sont les faisceaux moyens; ce sont eux que l'on voit sur le plancher du quatrième ventricule, dans l'écartement des faisceaux postérieurs; ces derniers montent tout droit au cervelet. Cet échange d'avant en arrière et d'arrière en avant, renferme tout le mécanisme de la moelle allongée; il est, de plus, chez les animaux supérieurs, compliqué du croisement de la protubérance et de quelques autres que nous verrons.

Encéphale des Poissons.

La face supérieure présente, en général, trois renflemens chez les poissons cartilagineux et quatre ordinairement chez les poissons osseux. Ces trois ou quatre renflemens que M. Cuvier nomme aussi des nœuds, et nous verrons en effet qu'ils sont comme des nœuds de rubans; ces renflemens, dis-je, sont d'arrière en avant : 1° le cervelet le plus souvent triangulaire et plus ou moins rabattu sur le quatrième ventricule et le calamus scriptorius; quelquefois il est débordé par les festons gris de la moelle allongée, et d'autres fois il les recouvre. Il figure assez bien, comme l'a dit M. Cuvier, un bonnet phrygien. Il est toujours en partie ou totalement impair, c'est-à-dire, fermé sur la ligne médiane : les autres lobes sont ouverts en général. Le cervelet est presque toujours dû à la duplicature d'un ruban. Chez quelques poissons, cette duplicature présente au dedans de petites sinuosités qu'on peut regarder comme un rudiment de l'arbre de vie ; ce renflement est en général très-volumineux et prédominant chez les poissons.

2°. En avant de cet organe on rencontre deux petits renflemens ovoïdes au centre desquels se rendent, comme nous l'avons dit, les cordons pyramidaux. Si l'on veut regarder le cerveau des classes inférieures, comme l'état embryonnaire permanent des supérieurs (Tieddmann et Serres), ce serait les lobes optiques, analogues des tubercules quadrijumeaux, mais ici bigéminés. Une autre raison, peut-être plus certaine de cette détermination, c'est que le nerf optique tire toute son origine de la base de ce renflement par deux racines; l'une interne répand ses fibres de bas en haut et en dehors, l'externe de dehors en dedans, toujours à sa surface et à la rencontre des précédentes. (*Voy. fig.* I, n° 2.)

3°. Le troisième lobe chez le même poisson devrait être l'hémisphère; mais on aurait autant de droit de l'appeler bulbe olfactif, car le nerf du même nom en prend naissance ; alors la psychologie de ces animaux serait entièrement réduite aux sens.

4°. Chez les poissons qui ont un renflement de plus, ce quatrième lobe qui serait alors l'hémisphère cérébral, est situé entre le lobe bijumeau ou optique et l'olfactif. Ce dernier alors est comme sur-ajouté; il communique ordinairement avec son pareil par une commissure transversale, comme chez le congre. Le lobule olfactif est quelquefois très-éloigné de l'hémisphère auquel il tient par un pédicule très-long, comme chez la raie et les squales. (*Fig.* II.)

Je crois ces détails suffisans d'après le plan que je me suis tracé; on peut, avec ces notions, déterminer aisément la nature de tous les renflemens des cerveaux des poissons, quelque nombreuses et variables que soient leurs formes. Ce n'est pas d'ailleurs en cela que réside le secret important de leur organisation. Une chose bien plus essentielle, c'est de voir comment les faisceaux de la moelle allongée composent ces renflemens; on y parvient par un moyen bien simple qui consiste à couper longitudinalement ces encéphales par la ligne médiane. Je n'ai fait représenter ainsi que les cerveaux de la raie, du turbot et du merlan (*fig.* II, III, I), dont le mécanisme est le plus facile à dessiner; mais tous les poissons peuvent être analysés de la même manière. Il devient évident par là, que les faisceaux antérieurs, postérieurs et ceux de l'infundibulum, dégénèrent en un ruban blanc doublé d'un ruban gris, lesquels, sans se séparer, s'infléchissent plusieurs fois de suite. Le renflement intermédiaire à chaque inflexion, constitue un des lobules ou nœuds que nous avons désignés. Chez la raie, on voit la lame blanche cesser au dessous du cervelet; c'est qu'en cet endroit elle se perd en dehors dans le faisceau pyramidal postérieur; la substance grise se continue également à la superficie de ce faisceau jusqu'au bas du calamus scriptorius, en formant les festons dont nous avons parlé.

Sur la face de la section longitudinale, on aperçoit des fibres transverses qui semblent répondre à l'insertion des nerfs qui naissent des faisceaux latéraux moyens

Chez le turbot, la membrane rubanée for-me en dedans des lobes optiques, deux petites sinuosités que l'on aperçoit (*fig.* III *ter* 2), en ouvrant ceux-ci , et qui ont été prises tantôt pour les corps striés, tantôt pour les tubercu-les quadrijumeaux; il est difficile de donner un nom à ces petits accidens.

Quoi qu'il en soit, il est évident qu'ici l'en-céphale n'est qu'une anse dont la partie supé-rieure présente différentes inflexions successi-ves ; son origine est à la tête des faisceaux antérieurs et sa terminaison en haut des posté-rieurs. Le seul lobule olfactif ne paraît point faire partie de ce cercle auquel il semble sura-jouté ; nous aurons lieu de remarquer que cette particularité lui est commune dans les quatre classes. J'augurerais aussi de là que le ren-flement de la raie n'est pas son hémisphère, comme le croit M. Serres, mais une première portion de son lobe olfactif dont le renflement extrême serait un autre appendice , de sorte qu'il n'y aurait point de cerveau proprement dit.

Il résulte de là que tout est fort simple dans cette classe ; la moelle allongée est exempte de toute complication , à part quelques commis-sures particielles dont nous ignorons les usages.

Rien n'encombre ni ne masque la marche des faisceaux ; point de croisement des pyramides , point , par conséquent , de corps calleux ni de protubérance annulaire ; la glande pinéale manque ; tout est droit sauf le croisement des nerfs optiques. Nous allons retrouver , à peu de chose près , la même simplicité dans les reptiles.

CHAPITRE IV.

MOELLE ALLONGÉE ET ENCÉPHALE DES REPTILES.

Autant les poissons nous offrent d'inconstance et de variations dans les formes, autant chacune des trois classes suivantes va nous offrir d'homogénéité dans tous ses sujets. Quoique les deux classes inférieures se ressemblent singulièrement par le défaut de décussations ou commissures générales, la classe des reptiles est déjà à une certaine distance de celle des poissons, en ce que, dans cette dernière, tous les renflemens ne paraissent destinés uniquement qu'aux nerfs des sens, puisqu'ainsi que nous l'avons vu pour la raie, et ainsi qu'on peut le juger dans bien d'autres, ce que l'on serait tenté de regarder comme des hémisphères, semble plutôt un appendice de l'un des autres lobes, qu'un organe spécial de psychologie.

Il en est tout autrement chez les reptiles.

Il existe non-seulement une prédominence , mais encore une spécialité dans l'organe qui répond au cerveau , à tel point que les autres semblent déjà n'avoir plus de relations ensemble que par son intermède ; ils y paraissent tous liés bien plus que ne l'étaient les divers lobes des poissons entr'eux.

Je n'ai pris pour types que les reptiles aquatiques et terrestres que l'on trouve le plus facilement , savoir ; la salamandre ; le lézard vert et la grenouille. On peut , avec cela , reconnaître les encéhbales de tous les reptiles. Voici leurs caractères comparés à ceux des poissons.

La composition de la moelle allongée est la même pour les faisceaux, quant à leur nombre, et leur position. Elle forme , en général , une courbure dont la convexité est antérieure ; les bords du calamus scriptorius ne sont jamais bordés de festons comme chez les poissons. (*Fig*. IV, V, VI.) Le cervelet , fort prédominant dans ces derniers, est en général très-faible dans les reptiles , la grenouille , la salamandre et le lézard ne nous offrent qu'une petite bandelette transversale et impaire quoique symétrique. Les tubercules optiques sont encore très-volumineux , et toujours seulement bigéminés. On voit , comme chez les poissons , les nerfs optiques qui en émanent , se croiser en passant l'un au dessus de l'autre. La glande pinéale existe au devant des tubercules bijumeaux. Les couches optiques , à peine visibles dans ces petites espèces , le sont davantage dans la tortue et les crocodiles. Les hémisphères sont plus considérables et se distinguent toujours. Leur existence est évidente ; on ne les peut plus confondre. Ces deux derniers renflemens ne sont pas ouverts par leur face latérale interne , les rubans qui les composent se recourbent contre la faulx jusque sur la moelle allongée : s'ils se réunissaient au dessous de cette cloison fibreuse , l'un avec l'autre , il en résulterait un corps calleux. En raison de cela , le ventricule est moins grand que celui des mêmes lobes des poissons. Enfin le lobule olfactif qui n'atteint jamais au volume énorme de celui de certains poissons , est tantôt rapproché (*Voy*. Salamandre), tantôt éloigné des hémisphères auxquels alors il tient par un pédicule allongé (lézard vert.)

Face antérieure.

On y compte le même nombre de faisceaux qu'aux poissons , comme nous l'avons dit. En avant de la saillie de la courbure dont nous avons parlé, on aperçoit chez la grenouille une petite commissure transversale; les lobes de l'infundibulum ou lobes mammillaires sont atrophiés; l'hémisphère semble tenir leur place et s'en être, pour ainsi dire, renforcé.

Chez la salamandre dont le cerveau est transparant et gélatineux, on aperçoit les stries des pyramides rayonnant dans l'hémisphère.

Organisation intime.

Elle est la même que chez les poissons, comme on peut s'en convaincre par une coupe longitudinale de ces encéphales (*Voy. Fig.* IV *ter*), le cerveau de la grenouille. Autant de lobes, autant de renflemens situés entre deux inflexions de la membrane. Chacune de ses extrémités se continue dans les faisceaux pyramidaux, antérieur, postérieur et dans le moyen, mais toujours absence des croisemens généraux de ceux-ci, et, partant, ni protubérance, ni corps calleux.

CHAPITRE V.

ENCÉPHALE DES OISEAUX.

Cette classe intermédiaire tient déjà, je le crois, aux animaux supérieurs, par le système des croisemens et la direction transversale dés fibres qui en est la condition nécessaire, par la prédominence et la complication de son cerveau, et sur-tout par le plissement de son cervelet. Elle en diffère par l'irrégularité de ses croisemens supérieurs (corps calleux et protubérance), par la prédominance de la matière grise sur la blanche, ce qui est l'inverse chez les mammifères. Elle conserve des poissons et des reptiles la bipartition et l'excavation de ses lobes optiques.

Face supérieure (*Fig.* VII *bis*).

1°. L'écartement des faisceaux postérieurs est surmonté du cervelet. Cet organe sillonné, comme celui des mammifères, figure une roue verticalement posée sur la cavité de la moelle (il est ici représenté fendu par le milieu et les deux moitiés écartées l'une de l'autre ; 2° entre le cervelet et l'hémisphère existe un intervalle occupé d'abord par le croisement du nerf pathétique, très-évident chez ces animaux, ensuite par la commissure qui joint les deux lobes optiques au dessus de l'aqueduc de Sylvius ; ces lobes sont déjetés de chaque côté ; ils sont creux et revêtus d'une membrane blanche à l'extérieur et à l'intérieur ; entre ces deux feuillets blancs existe une couche de substance grise qui secrète beaucoup de matière pulpeuse entre les fibres assez distinctes qui revêtent les parois de ces lobes : sur le bord antérieur de cette commissure se voit la glande pinéale ; 3° on voit ensuite les couches optiques sur lesquelles on remarque un trait médullaire interne qui descend à l'infundibulum, un autre trait externe qui se jette sur les lobes bijumeaux ; 4° entre les couches optiques est situé le ventricule moyen que rien ne recouvre ; en avant, le cordon transversal de la commissure antérieure. A la partie postérieure interne de chacun des hémisphères qui sont lisses et sans circonvolutions, on voit l'ouverture arquée des ventricules latéraux recouverts par la lame

rayonnante. Avant de passer à la face inférieure, disons un mot sur les cavités.

Chez les poissons et les reptiles (*Fig*. I à
IV *ter*), il n'en existe qu'une seule qui s'agran-
dit ou se resserre, selon que, par ses renflemens ou
ses inflexions, la membrane s'élève ou s'abaisse.
Si, chez les oiseaux, les lobes optiques étaient
sur la ligne médiane; si la commissure de l'a-
queduc de Sylvius n'existait pas, il en serait
de même; ces petites variations changent donc
seulement la direction des cavités qui ne laissent pas que de communiquer toutes ensemble,
puisque le ventricule des hémisphères s'ouvre
dans le moyen, celui-ci communique avec le
quatrième par l'aqueduc de Sylvius, dans lequel débouche également la cavité des lobes
optiques de dehors en dedans, vu leur latéra-
lisation.

Face inférieure (*Fig*. VII'.)

La moelle allongée est plus renflée que dans
les classes précédentes, sans, néanmoins, beaucoup changer de formes. Pour bien voir ce que
nous allons décrire, il faut avoir un cerveau
presqu'encore chaud, et le dénuder avec beaucoup d'attention des membranes, sans intéres-

ser la substance médullaire ; il est bon aussi de faire cette dissection dans une coupe sous l'eau claire ; alors on voit 1° le croisement des pyramides ; 2° au dessus, dans l'espace de cinq à six lignes, des fibres transversales qui font le pont d'un côté à l'autre de la base médullaire externe du cervelet, au dessus du sillon qui sépare les pyramides antérieures : ces fibres sont en rapport avec le volume du cervelet qui n'a que des plis secondaires et qui est pauvre en matière blanche ; je crois donc que c'est un pont de varole que nous retrouverons sous forme de protubérance chez les mammifères ; 3° entre cette commissure et l'infundibulum est un enfoncement transversal, dans lequel on voit un point blanc, l'analogue des lobes de l'infundibulum des poissons et des tubercules mammillaires des mammifères ; au dessous, est la troisième paire implantée sur le faisceau qui en provient ; 4° plus en avant, la jonction des nerfs optiques, larges bandes procédant des lobes bijumeaux ; 6° les hémisphères représentant un peu plus d'un demi-cercle divisé sur la ligne médiane par l'échancrure interlobaire, par le côté et en avant de laquelle on voit deux bulbes olfactifs moins volumineux que dans les deux classes précédentes.

Organisation intime.

On voit à la face inférieure le pédoncule sortir de dessous les nerfs optiques et s'irradier dans un enfoncement que circonscrit une ligne courbe de substance blanche. Quand on coupe l'hémisphère en long par son tiers externe, on voit qu'il se compose presqu'en entier du corps strié que traverse les susdites irradiations. Elles constituent une membrane qui forme une ou deux inflexions peu régulières en dedans, comme on voit en détachant la lame rayonnante de bas en haut (*Voy. fig.* VII *bis*). C'est dans cette lame que se terminent les stries du pédoncule, par deux petits piliers qui contournent ce pédoncule sur sa face inférieure, et reviennent en arrière entre l'hémisphère et le lobe optique sur la couche du même nom, à la surface de laquelle ils se partagent en ces deux petits traits que nous avons décrits. L'un d'eux descend au dessous de l'infundibulum, à la masse mammillaire, puis le faisceau moyen qui en résulte reparaît au plancher du quatrième ventricule. L'autre revêt les lobes optiques, se croise avec son pareil sur l'aqueduc de sylvius, dont la commissure est ici un vrai corps calleux. Des lobes optiques, le faisceau en question descend, par une lame médullaire, au cervelet, où il s'épanouit, après quoi il se résout dans la pyramide postérieure, non pas dans celle du même côté, mais dans la pyramide opposée, par suite du croisement qui a lieu à la protubérance, croisement dont le mécanisme sera décrit chez les mammifères où il est plus évident.

Cette description est faite sur le cerveau du pigeon; j'ai pris un gallinacé, parce que ces animaux sont en tout temps à la portée de tout le monde.

La manière de décrire que nous avons adoptée en suivant la substance blanche, était aussi facile que les encéphales étaient simples dans les premières classes; elle présente quelques détails de plus dans les classes supérieures. On voit que je néglige un peu les formes des objets, pour n'en observer que la trace des fibres. L'on sait sur quel principe j'ai établi cette marche; si ce principe est aussi vrai que je le pense, on ne regrettera pas de voir substituer à des détails purement graphiques, ceux de direction et de continuité que je recueille scrupuleusement.

CHAPITRE VI.

DES MAMMIFÈRES.

Cette classe n'est pas beaucoup plus compliquée que la précédente, mais son organisation est plus complète. Le cerveau et le cervelet sont encore plns dominans, les lobes optiques sont quadrigéminés, solides et sans cavité. Le système des croisemens est mieux marqué; les hémisphères sont toujours fermés sur la ligne médiane; la commissure du cervelet est épaisse et saillante ; cette classe a de plus l'olive et le corps ciliaire; le cinquième ventricule et les cavités postérieure et inférieure du ventricule latéral; quelques décussations partielles de la moelle allongée. Nous allons décrire chez l'homme et les autres mammifères cette dernière partie.

Moelle allongée (*Fig*. VII et XIV').

C'est, comme nous avons dit, la portion

supérieure des faisceaux ; elle s'étend depuis le grand trou occipital jusques et compris la couche optique. A son entrée dans le crâne, la moelle est étranglée, sur-tout chez l'homme, par un sillon circulaire très-superficiel nommé le collet. De ce point jusqu'à l'extrémité du pédoncule, on compte trois régions que nous allons décrire chez l'adulte.

La région inférieure à la protubérance, est le bulbe ou renflement rachidien, bombé chez l'homme, applati chez les autres mammifères, figurant une pyramide à quatre faces, dont le sommet est en bas ; sa base est séparée de la protubérance par un sillon transversal profond, 1° sa face antérieure laisse voir les deux pyramides antérieures séparées l'une de l'autre par un léger sillon, ainsi que de l'olive qu'on voit sur le côté. Ce petit corps, étant incisé crucialement en long et en large, on voit qu'il est formé d'une petite membrane plissée très-irrégulièrement. Une ligne jaunâtre entoure ces flexuosités ; une couche de fibres transversales recouvre le tout à l'extérieur. En arrière, on voit un petit faisceau descendant du nerf trijumeau ; 2° plus en dehors encore le faisceau moyen ; 3° la face postérieure (*fig.* VIII *bis*) est occupée par les deux pyramides de même

nom et par leur écartement, ou calamus scriptorius. Des bords de celui-ci descendent des
fibres qui se portent obliquement en bas, au
dessus du faisceau moyen, du faisceau du nerf
trijumeau et de l'olive; 4° une partie passe
même au dessous de ce corps et remonte entre
lui et la pyramide jusqu'à la protubérance;
5° là, dans le fond du sillon transversal, est
une commissure qui paraît régner d'une pyramide postérieure à l'autre, sur laquelle les
sixième et septième paires prennent naissance.
Chez les autres mammifères (*fig.* IX'), cette commissure est superficielle, c'est une petite bandelette posée en travers et au dessous de la protubérance, qui n'est point séparée du bulbe par un
sillon. Treviranus la nomme *corps trapezoïde;*

6° La région moyenne de la moelle allongée
comprend la protubérance annulaire, pont de
varole, ou commissure du cervelet, dont les
fibres sont transversales; elles ne sont point
adossées sur la ligne médiane, elles se croisent
comme le faisceau fibreux des pyramides antérieures au collet, mais plus tranversale-
ment; de sorte que chaque prolongement
cérébelleux doit être conçu comme formé de
fibres qui montent et de fibres qui descendent pour aller les unes et les autres à l'hé-

misphère du côté opposé. C'est sur-tout chez le lapin qu'on voit bien ce croisement; 7° la protubérance est quadrilatère, convexe, creusée en long d'un sillon qui loge l'artère basilaire; elle se continue en arrière par les deux prolongemens ci-dessus, nommés pédoncules du cervelet, avec cet organe, qui fait sur sa face postérieure une voûte au dessous de laquelle est le 4e ventricule, suite du calamus scriptorius qui occupait aussi la face postérieure de la précédente région. Dans l'intérieur du pédoncule du cervelet, on trouve le corps ciliaire, festonné, ou rhomboïdal, membrane plissée comme l'olive et présentant toutes les mêmes particularités dans son organisation et même dans son développement, qui coïncide toujours avec celui de l'olive;

8°. La région supérieure à la protubérance, se compose de deux gros prolongemens longitudinaux, nommés pédoncules ou cuisses du cerveau, qui s'écartent l'un de l'autre en s'élargissant et se perdent sous les circonvolutions de la base de l'organe; il faut lés examiner dans trois points : *A*, leur face antérieure présente des fibres fasciculées, aspect que n'ont pas celles des autres parties que nous allons examiner ; *B*, en dedans une rainure où l'on voit la tache noire de fœmmering, sépare cette face d'une d'une lame blanche triangulaire (9°) occupant l'intervalle des deux pédoncules et d'un petit point blanc qui y fait suite, nommé *tubercule pisiforme*; *C*, la même face antérieure est séparée en dehors par une autre rainure, des corps genouillés; et (10°) des tubercules quadrijumeaux; de cette rainure s'élève, chez tous les mammifères, un filet fibreux qui traverse le pédoncule dans son milieu et vient aboutir à la surface triangulaire dont on vient de parler; 11° le pédoncule est contourné par le nerf optique, qui, des deux petits renflemens nommés les *corps genouillés*, se porte à l'angle antérieur interne du pédoncule, où il s'adosse à son pareil; 12° entre cette jonction et les tubercules mammillaires, existe le *tuber cinereum* ou *infundibulum*, communiquant avec la tige pituitaire. La face postérieure du pédoncule est occupée par les tubercules quadrijumeaux, les couches optiques et leur écartement ou ventricule moyen, dont l'infundibulum est la base. (*Voy. fig.* XIV *bis.*)

Organisation intime de la moelle allongée.

Les fibres de la protubérance ne sont qu'une partie accidentelle de la moelle allongée;

supprimons-les par la pensée, ainsi que les petites commissures partielles, il nous reste les régions supérieure et inférieure , n'en faisant plus qu'une avec la moyenne, composée de chaque côté, de la pyramide antérieure, de la postérieure, et du faisceau moyen, seuls véritables élémens de la moelle, s'allongeant vers le cerveau. Cette région est donc devenue aussi simple que chez les poissons : nous allons l'analyser de même.

Nous avons décrit la superficie chez l'adulte, nous allons suivre les faisceaux à l'intérieur, d'abord, chez le fœtus à terme. A cet âge, on voit, comme chez l'adulte, au niveau du collet, dans un espace de quatre à six lignes, l'entrecroisement des pyramides décrit par MM. Gall et Spurzheim , par lequel chacune d'elles passe à l'autre côté en entrelaçant avec l'opposée ses faisceaux fibreux en forme de natte. La presque totalité monte droit à la protubérance, une petite portion s'en écarte à angle un peu obtus, passe en dehors et en dessous de l'olive, et se dirige au nerf trijumeau. Ce dernier faisceau est bien distinct du latéral ou moyen, dont la place plus en dehors est encore grisâtre. L'olive ainsi circonscrite par le bas, présente des fibres transverses à sa surface ; à l'intérieur, des rudimens assez complets du corps festonné. Quand on la racle, on voit au dessus la commissure qui règne entre le bulbe et la protubérance, elle forme avec les faisceaux de la pyramide et du nerf trijumeau un delta que remplit l'olive ; cette commissure se distingue parce qu'elle est blanche , tandis que la base de l'olive et la protubérance sont encore grises à cette époque. Si l'on enlève ainsi tout ce qui est gris, on voit que le faisceau olivaire qui se sépare de la pyramide , en dehors et en dessous de l'olive , décrit une courbe au dessous des fibres encore grises de la protubérance ; en haut de cette éminence il se réunit au corps de la pyramide. Leur faisceau commun et unique se jette en dehors et occupe les deux tiers externes de la face antérieure du pédoncule ; le tiers interne de cette face et la surface triangulaire sont encore gris, et, remarquons bien cette coincidence, la place du faisceau latéral ou moyen est grisâtre aussi au niveau de l'olive.

La pyramide postérieure est blanche, bien formée jusqu'au cervelet, et au dessus de cet organe, les tubercules quadrijumeaux et les *processus cerebelli ad testes* sont aussi très-bien organisés.

Nous ne trouvons point de troisième faisceau ; la meilleure époque pour le reconnaître,
est de trois et demi à quatre mois ; avant
cet âge tout est gris , plus tard tout est blanc.
Mais à cette époque on voit les choses suivantes : les tubercules mammillaires sont blancs,
ainsi que la surface triangulaire ; remarquons
encore la coïncidence ; le faisceau latéral
est blanc à côté de l'olive ; néanmoins on
aperçoit encore une légère transparence grisâtre dans certains points de la moelle allongée.

Si l'on coupe transversalement le pédoncule
en arrière des tubercules mammillaires (*Voy.
fig.* VIII '), on aperçoit : 1º au bord antérieur de
la section, la couche fibreuse blanche superficielle du pédoncule, se jetant en dehors 2º au
dessous une couche grise. 3º En arrière , les
tubercules quadrijumeaux , composés , comme
chez les oiseaux , d'une couche grise entre
deux feuillets blancs. Ils se jettent aussi en
dehors , à la rencontre des faisceaux pyramidaux, dont les sépare (4º) la rainure qui a été
décrite plus haut. 5º Au centre et en dedans
des objets ci-dessus , on aperçoit deux disques
médullaires à chacun desquels appartient pour
moitié la surface triangulaire ; 6º ils se continuaient avec les tubercules pisiformes.

Quand on dirige une coupe en long (*fig.* VIII *bis*), par le milieu de la surface triangulaire et de la protubérance jusqu'au bas du bulbe, on voit : 1° en avant, la face interne de la moitié de la protubérance, cachant 2° la suite du faisceau pyramidal, laissant voir 3° une partie de l'olivaire et au dessus 1° *bis* le corps de ces deux faisceaux. En arrière, 4° les tubercules quadrijumeaux auxquels fait suite le *processus ad testes,* au dessous d'eux le quatrième ventricule recouvert par la feuille grise. Enfin, au milieu et en haut, 5° *bis* le disque médullaire de la figure précédente, se continuant par une lame fibreuse au dessous de la feuille grise du plancher du quatrième ventricule, au bas duquel cette lame fibreuse (6°) disparaît en dehors ; c'est précisément l'endroit où nous avons laissé le faisceau latéral ou moyen dans lequel il est évident qu'elle se continue au niveau de l'olive.

Voilà donc ici, comme chez les poissons, le faisceau de l'infundibulum divergeant de haut en bas, depuis les tubercules mammillaires jusqu'à la face postérieure latérale de la moelle allongée, où il reçoit le nom de restiforme, quand on le confond avec la pyramide postérieure.

Les faisceaux pyramidal et olivaire diver

geant de bas en haut, depuis le collet jusqu'à la couche optique au dessus du premier.

Enfin le pyramidal postérieur, montant droit au cervelet, en arrière des deux précédens et de plus que chez les poissons, la protubérance qui recouvre toutes ces parties et enfin quelques commissures partielles.

Plus tard, toutes ces parties sont soudées par une matière pulpeuse grisâtre, secrétée par les vaisseaux. C'est d'elle que dépendent certainement l'énergie et les propriétés de la moelle allongée, ainsi que le pense Tieddemann ; les fibres pédonculaires que nous retrouvons, au delà de la couche optique dans le corps strié, sont amalgamées de cette pulpe, ce qui les rend plus volumineuses mais non pas plus nombreuses à ce que je crois ; il ne faut concevoir leur renforcement que de cette manière, elles n'ont point en effet le même aspect dans le corps strié que dans les pyramides au collet. Cette couche pulpeuse n'abandonne plus le réseau fibreux dans ses plissemens. Ces plissemens étant le signe le plus certain de la complication de tous les mammifères, dont les autres différences sont peut-être moins importantes, nous commencerons par l'anatomie du rongeur, dont le cerveau est uni. Nous le décr'-

rons seul spécialement à cause de la direction
des fibres qui sert de base au simulacre du
cerveau de l'homme.

Encéphale du lapin et des mammifères inférieurs.

Il faut un lapereau de cinq à sept semaines
si l'on veut voir la direction des fibres. Outre
les objets connus de la moelle allongée, qui
sont les mêmes, si ce n'est qu'au lieu d'une
surface triangulaire, on voit deux petits faisceaux au dessous de l'infundibulum, cet en-
cephale présente les objets suivans.

Face supérieure.

On voit d'arrière en avant : 1° un cervelet
ayant des hémisphères latéraux et lobulés ;
un de ces petits lobules est projeté assez
loin ; 2° les deux hémisphères disposés comme chez l'oiseau, mais, de plus, réunis sur
la ligne médiane au fond de la scissure interlobaire par une commissure large composée
de fibres transversales. C'est le corps calleux
qui recouvre en partie la face postérieure de
la moelle allongée. La partie postérieure du
cerveau s'avance plus en arrière sur les lobes

optiques qui sont solides et quadrigéminés par un sillon crucial. La paire antérieure est la plus volumineuse, caractère commun aux rongeurs et aux ruminans. Quand on soulève la partie postérieure des hémisphères, on voit en dessous la couche optique et l'orifice du ventricule moyen ; c'est ce qu'on appelle la fente de Bichat.

Face inférieure (*fig.* IX').

Outre les parties décrites dans la moelle allongée, on y distingue 1° l'échancrure interlobaire et les lobes olfactifs beaucoup plus développés que chez l'oiseau. Ils sont pédiculés et contiennent une cavité qui communique avec le troisième ventricule ; 2° les lobes moyens qui n'existent pas chez les oiseaux ; un léger sillon, dit de Sylvius, les sépare du reste des hémisphères ; ce sillon est très-profond chez l'homme et le singe et quelques carnassiers.

Organisation intime.

Pour la voir, il faut le déployer, ce qui se fait par deux coups de scalpel chez l'homme et le singe, et par un seul chez le rongeur et les autres mammifères, attendu que les plicatures sont moins amples.

Pour y parvenir, le cerveau étant posé sur sa convexité, écartez en dehors les lobes moyens de chaque côté, puis renversez en avant la moelle allongée et le cervelet comme à la (*fig.* IX *bis*). Alors se présente toute la face postérieure de la moelle allongée que nous avons décrite, et où l'on trouve d'arrière en avant, savoir : 1° le cervelet; 2° les tubercules quadrijumeaux ; 3° en avant d'eux la glande pinéale ; 4° les couches optiques, dont le bord interne, comme chez l'oiseau, est bordé d'un trait médullaire qui descend à l'infundibulum, et 5° l'externe aussi comme chez l'oiseau, d'un trait médullaire, plus fort que le précédent qui se jette aux corps genouillés ; 6° en avant des couches optiques, on voit une bandelette mince de substance grise dont le bout externe se perd dans la substance corticale du lobe moyen, c'est le corps strié. Son extrémité interne est cachée par les piliers de la voûte entre lesquels se voit (7°) le petit cordon transversal de la commissure antérieure.

A travers le corps strié l'on aperçoit les fibres de la couche optique qui rayonnent dans la membrane supérieure des hémisphères :

elles se replient ensuite dans le double au bord
blanc duquel on voit se rendre obliquement
des fibrilles de dehors en dedans, c'est la lame
du corps frangé [8°] et du trigone. Pour bien
apercevoir cette duplicature, il faut inciser de
haut en bas et de dehors en dedans par son
pourtour cette petite poche membraneuse,
puis renverser l'un au dessus de l'autre les
lambeaux comme dans la figure (IX *ter*).

On voit le réseau fibreux émané de dessous la
couche optique un peu resserré d'abord, s'élargir
et s'amincir insensiblement, comme on peut s'en
convaincre en incisant, dans le sens des fibres,
et dans toute son épaisseur, la membrane supérieure qui est l'inférieure ici à cause du renver-
sement des objets. Alors aussi l'on reconnaît
qu'il suinte de la substance corticale une couche pulpeuse sur laquelle s'étalent les fibres
divergentes du pédoncule ; mais on n'en voit
sortir aucune fibre pour composer le système
rentrant de MM. Gall et Spurzheim. L'angle
de réflexion du réseau est au point où l'on a
incisé pour ouvrir cette petite poche ; 1° on
aperçoit ce réseau encore plus mince sur la
face interne de ce petit lambeau [9°] dont la
saillie s'appelle corne d'ammon. C'est un repli
interne de substance corticale, comme on peut

le voir en l'incisant en travers. Elle communique avec celle du reste du cerveau. Dans cet
état, les fibres qui recouvrent la corne d'ammon ont une direction inverse de celles de
la membrane supérieure ; signe certain qu'elles
se continuaient avec elles quand les parties
étaient en rapport ; 3° elles se réunissent aux
corps frangés qui convergent, et [8 *bis*] se rencontrent pour former ce petit corps carré qui
est la voute ; celle-ci se termine par deux petits
piliers que nous allons suivre. Nous devons
observer qu'avant de descendre dans le trigone, la plus grande partie des fibres se croise
dans le corps calleux ; ces objets étant trop tenus pour en voir ici le mécanisme, nous les
décrirons bientôt chez l'homme.

5° *bis*. La première division des piliers de la
voûte est celle qui se répand en dehors dans
les corps genouillés ; 2 *bis* les tubercules quadrijumeaux, puis elle descend [13 *bis*] par les
processus testium ad cerebellum dans le cervelet
où elle se ramifie ; de là elle se continue dans
la pyramide postérieure du côté opposé, par
suite du croisement que nous avons décrit en
parlant de la protubérance.

Pour voir la division inférieure : coupez-en
deux, par le milieu, cette figure et vous avez

celle (*fig*. IX⁴) qui laisse voir, au dessus et en avant de la couche optique, 1° la grosse extrémité du corps strié ; 2° le cordon de la commissure antérieure; en arrière de ces objets : 3° la couche optique qui adhère d'ordinaire à l'opposée par ce qu'on appelle la commissure molle; raclez-en la substance grise, vous voyez 4° le pilier antérieur du trigone, dont un premier filet 5° descend en arrière du cordon de la commissure antérieure à la masse mammillaire 6°; un second filet provenant de la première division que nous avons décrite, descend au dessous du filet précédent et se porte aussi en arrière à la masse mammillaire; enfin le filet qui couronnait le bord supérieur de la face ventriculaire de la couche optique, [8°] plonge en arrière de cette éminence, et vient aboutir au faisceau de l'infundibulum 9° avec les autres, et de là descend dans le latéral ou moyen 10°.

Au plissement près des hémisphères, nous trouvons ici l'organisation très - compliquée que nous allons revoir dans l'encéphale humain; le croisement des pyramides, celui de la protubérance plus évident que chez l'oiseau, celui du corps calleux moins sensible que celui que nous examinerons incessamment chez l'homme.

Des ventricules. Il n'y en a réellement qu'un dans le cerveau ; on lui compte deux parties, une supérieure dans l'hémisphère, une inférieure dans le lobe moyen qui est la partie postérieure de l'émisphère contournée en dessous. Chez les oiseaux, l'hémisphère ne se recourbant pas en dessous il n'y avait qu'un ventricule. Mais les lobes optiques contenaient une autre cavité qui manque ici ; cette compensation faite, le rongeur a, de plus, celle du septum median et celle de son lobule olfactif, qu'on peut insuffler comme chez les autres mammifères, avec une paille, par le côté interne de la grosse tête du corps strié ; il communique donc ainsi que tous les autres dans le ventricule moyen. On voit de suite que le mécanisme est ici le même que dans les classes précédentes.

Cerveau humain.

Il est le plus volumineux proportionnellement au corps de l'animal ; il égale au moins quatre fois la grosseur de celui du bœuf. Ses circonvolutions sont nombreuses et profondes, la pie-mère s'enfonce dans leurs intervalles et l'arachnoïde passe sans pénétrer entre elles de l'une à l'autre. Le cervelet de l'homme a des feuillets similaires qui n'existent pas ordinairement dans les autres mammifères. Outre les objets décrits dans la moelle allongée, le cerveau de l'homme offre les particularités suivantes à l'extérieur.

Envisagé dans sa position naturelle, le cerveau humain représente la moitié d'un œuf coupé horizontalement, dont la petite pointe regarde en avant. La face supérieure est convexe ; la scissure interlobaire où loge la faux, divise l'organe en deux segmens nommés lobes ou hémisphères, lesquels sont réunis en dessous de la faux par la commissure nommée le corps calleux, qu'on aperçoit en les écartant. Le cervelet est entièrement recouvert par leur partie postérieure. Il en est de même chez le singe ; il est découvert chez presque tous les autres mammifères. On trouve sur les côtés du cerveau de l'homme, une grande enfractuosité nommée le sillon externe de Sylvius, auquel fait suite une plus petite enfractuosité sur le côté du lobe antérieur.

En soulevant les lobes supérieurs, on aperçoit le cervelet, les tubercules quadrijumeaux ; au devant de ces derniers est l'orifice bouché par les membranes, d'un enfoncement nommé

la fente de Bichat, par laquelle on pénètre
dans l'intérieur du cerveau.

Face antérieure.

Cette face est plane. Outre les parties de la
moelle allongée ci-devant décrite, on y remarque, 1° sur la ligne médiane, les échancrures
antérieure et postérieure situées entre les lobes
du même nom ; ce sont les deux extrémités de
la grande scissure interlobaire. Un sillon trans-
verse sépare le lobe moyen de l'antérieur sur
lequel il fait saillie, tandis que, chez les autres
mammifères, il est comme tiraillé en arrière, et
de là vient que le sillon dont il s'agit est presque nul chez eux. Sa partie externe est cette
enfractuosité que nous avons décrite ; sa partie
interne contourne le pédoncule cérébral parallèlement au nerf optique. Le long de cette
partie interne on voit, dans un court espace,
une ouverture par où ce lobe laisse pénétrer la
pie-mère des plexus choroïdes ; 2° de chaque
côté de l'échancrure interlobaire antérieure,
on voit dans un sillon longitudinal, le pédicule
et le lobule olfactifs atrophiés et presque nuls.

Cervelet.

Il est énorme et fort régulier. Il présente l'aspect de deux demi-sphéroïdes déprimés dans le milieu où ils se joignent. La face inférieure est plane, la supérieure est convexe et inégale. On aperçoit au milieu une espèce d'arrête longitudinale, nommée l'éminence vermiforme; cette arrête a les extrémités supérieure et inférieure , recourbées en dessous , nommées vermiculaires. Toutes ces distinctions ne portent que sur des accidens , et paraissent d'autant plus superflues que tous les feuillets passent d'un hémisphère à l'autre, sur la même ligne que ceux de l'arrête vermiforme, en se confondant avec eux. Ces feuillets sont divisés de cinq en cinq par un sillon plus facile à ouvrir que les sillons intermédiaires, ce qui a fait regarder ces divisions comme autant de lobes , qu'on nomme fasciculés. Les nodules, les touffes, les ligamens transverses de Reil, nous paraissent des détails superflus à décrire ; c'est à l'organisation intime seule et à la direction des fibres que nous nous attacherons, comme nous avons déjà fait.

Organisation intime de l'encéphale.

Pour la connaître, il faut déployer le cerveau. Avant d'en indiquer la méthode nous croyons à propos d'y préparer l'imagination par la coupe d'un simulacre qui donne une idée assez exacte des plicatures de la membrane du cerveau.

Pour l'avoir en grandeur naturelle , prenez une bande de papier longue de trente pouces, large de six (on peut en couper plusieurs à la fois), faites ensuite sur cette bande quatre plis transverses ; le premier de quatre pouces , se fait en renversant l'extrémité par où l'on commence en arrière et en dessous; tous les suivans s'exécutent en sens inverse ; ils sont de quatre pouces pour le second pli ; de six pour le troisième, et de huit pour le dernier. En regardant après cela la tranche des plicatures, elles donnent la figure X. Or , comme nous avons vu chez le lapin que la lame du trigone, représentée par l'extrémité interne de la bande de papier ainsi pliée (Même *fig.* I.) revient par ses piliers antérieurs dans la moelle épinière, on peut exprimer ce retour dans ce dessin par l'addition de la ligne ponctuée n° 2 (*Voy. fig.* X). Il est évident que cette dernière figure répond à celle d'une anse repliée sur elle-même, nous l'avons vue droite et infléchie par sa ligne supérieure seulement, dans les poissons et les reptiles (Voy. *fig* . I, II, IV *ter*).

Il ne reste qu'à imiter les formes naturelles , sans changer les plis que nous venons de prescrire.

Pour cela, étendez de nouveau la bande de papier , pliez-la en deux suivant sa longueur, et tracez à chacun de ses bords les échancrures qui appartiennent aux bords correspondans du simulacre dessiné fig. XIV, après l'avoir plié de même; coupez sur le tracé, et après avoir releve et adossé avec une épingle les lambeaux triangulaires internes de l'extrémité bifurquée , dans le sens qu'indique l'ombre du burin , recomposez les mêmes plis que ci-dessus, avec cette différence qu'en raison de la bifurcation qui n'existait pas avant les dernières coupes , vous ferez passer les lobes moyens par l'échancrure existante entre le cervelet et le reste du simulacre. Regardez alors l'intérieur des plis, ils vous donnent la figure X *bis* pour chaque hémisphère. Il est clair que cette figure est la même que la précédente, dont on aurait ramené la courbure du fond de l'anse au dessous des deux branches qui composent cette anse.

Si l'on coupe un hémisphère en long, de manière à passer par le milieu des trois lobes à la fois, l'on verra que la substance blanche forme ce dessin, quand on la suit depuis. le pédoncule jusqu'au sommet du trigone (V. *fig*. XI).

Vous avez donc ainsi le simulacre exact des plicatures du cerveau, excepté que sa forme est applatie et ouverte sur les côtés. Représentez-vous-le fermé et arrondi, il n'y manquera que les circonvolutions.

Il est facile de voir que toute la complication de l'organe réside dans les objets gravés à sa base sur le côté intérieur de la partie du simulacre, où se voit le cervelet, et que les principaux accidens qu'on remarquait dans le cerveau résultent du rapport de ces objets avec les autres parties ; on pourrait pratiquer, pour s'en convaincre, les anciennes dissections sur le simulacre dessiné ou sur un autre découpé comme nous l'avons dit, en y transportant par des traits, dans le rang qu'ils doivent occuper, savoir : les deux corps striés, les deux couches optiques, les objets qui se remarquent entre ces derniers et enfin les tubercules quadrijumeaux.

Alors le cerveau étant dans sa position naturelle, et le centre ovale de Vieussens se trouvant naturellement fait, puisque la pa-

roi supérieure des hémisphéres n'est pas bom-
bée , il suffirait de la couper transversalement et de renverser les lambeaux antérieur
et postérieur ; on verrait au dessous les deux
triangles relevés qui composent le *septum lucidum* , lequel est censé fixé au corps calleux.
Entre ses deux lames existe le cinquième ventricule. Le trigone , dont elles sont un repli ,
recouvre précisément l'écartement des couches
optiques nommé le troisième ventricule , plus
une portion de ces dernières éminences ainsi
que des corps striés. La pointe de ces lames
correspond aux deux piliers antérieurs dont
on peut suivre les divisions sur ou à travers
les couches optiques. Les arrières portions
de ces mêmes lames s'écartent pour former les
piliers postérieurs du trigone , qui se perdent
à la partie inférieure du ventricule latéral
dans la corne d'ammon , en un mot , tout ce
qui n'est pas représenté matériellement est
rendu par la peinture.

Quand on réfléchit à la méthode de dissection que nous venons de pratiquer , on a bientôt reconnu qu'elle mutile l'organe et ne laisse
subsister aucun rapport.

M. Gall en a établi une autre : après avoir
analysé , comme nous l'avons fait précédem-

ment , la moelle allongée, il manipulait l'organe et le réduisait en une espèce de poche semblable à un *placenta* , pour démontrer que le cerveau n'est qu'une membrane plissée, et que les circonvolutions ne sont que des duplicatures de ses lames.

Tieddemann prétend que la substance cérébrale est une pulpe surajoutée , et que la seule couche interne du plafond des ventricules est fibreuse ; parce que , dit-il , on voit la masse des hémisphères s'organiser à leur surface, lentement par les secrétions de la pie-mère ; il pense donc que le déplissement rompt les fibres de la couche intérieure.

Pour moi , je crois , comme M. Gall , au plissement du réseau des hémisphères , et je joindrai les raisons suivantes à celles que cet illustre anatomiste tire des hidrocéphales ; raisons déjà solides et qui ne me paraissent pas victorieusement réfutées dans le dictionnaire abrégé de médecine. Je dirai , d'abord , que M. Breschet m'a fait voir sur des ambryons très-jeunes de sept à neuf semaines , les hémisphères déjà plissés ; la matière pulpeuse à coup sûr n'existait pas encore. En second lieu , si nous faisons attention aux cerveaux des poissons et des rongeurs , qui n'ont pas de circonvolutions , nous y trouvons des ventricules bien plus grands , proportionnellement au volume des lobes , que chez les animaux dont la membrane est plissée. Or , voici comment cela s'explique : soit donnée une poche membraneuse d'une étendue quelconque , tout le monde sait qu'en la plissant, on ramène son diamètre à une moindre étendue , et, par conséquent , on réduit sa capacité intérieure ; c'est ce que la nature semble avoir fait , quant aux ventricules cérébraux chez les animaux supérieurs. Enfin, une troisième raison est celle qui découlera de la théorie que je dois exposer sur le mécanisme du corps calleux ; elle sera péremptoire si les savans admettent mes idées , et l'on verra , par suite, de quelle équivoque l'on a pu regarder les fibres du plafond des hémisphères , comme partant immédiatement du corps strié, tandis qu'elles seraient , par le croisement du corps calleux, la terminaison des fibres repliées qui sortent du corps strié du côté opposé à celui duquel elles semblent provenir.

Tout en admettant la théorie de M. Gall , sur les circonvolutions , je trouve que son déplissement n'est rien moins que probant ; un tel mécanisme, d'ailleurs , n'a besoin que

d'être développé en théorie. De plus, je con-
damnerais le déplissement, sous ce point de
vue, qu'en cherchant à démontrer le mécanisme très-simple des circonvolutions , il dé-
truit jusqu'aux moindres traces du mécanisme
bien plus important des plicatures dont nous
nous sommes déjà fait une idée assez juste.
C'est sur ces idées qu'est basée la méthode que
je vais exposer. Elle intervertit les rapports
accidentels des objets ; mais elle repose sur
la direction des fibres dont ces objets sont
composés. Ces fibres , il est vrai, ne sont sensibles , chez l'homme , que dans certaines
parties qui ne sont pas froncées ; car les circonvolutions brisent les lignes des fibres et
empêchent de les suivre , tout comme les plis
irréguliers d'une étoffe empêchent de reconnaître les fils de la trame et de la chaîne dont
elle fut ourdie; mais je crois que nous sommes
suffisamment autorisés , par ce que nous avons
vu sur le lapin , à les tracer dans toute l'étendue du simulacre. Voici donc comme je con-
seille de l'ouvrir ainsi que le cerveau qu'il
représente , au lieu de couper comme nous
avons fait par les anciens procédés.

Posez le cerveau sur sa face convexe , sa
petite pointe vous regardant : le simulacre

mis dans la même position , vous reconnais-
sez , en regardant l'intérieur, que chaque lobe
est un coude, le moyen de la membrane simple, l'antérieur et le postérieur des deux feuillets à la fois , l'espace compris , en avant et en
arrière entre les coudes du feuillet extérieur, et
les coudes correspondans du feuillet intérieur
(*fig.* X *bis* , 2 , 3), est rempli en partie ,
dans la nature , par l'épaisseur du feuillet
superficiel qui est ordinairement froncé, tandis que le feuillet profond ne l'est pas. Le sur-
plus de l'espace forme les ventricules. Quand
on conçoit ainsi le cerveau , l'idée naturelle
de dédoubler cette anse et non de la couper , se présente d'elle-même , et le sillon de
Sylvius indique le chemin à suivre. Incisez
donc la paroi membraneuse qui est au fond
de ce sillon , jusqu'à la cavité digitale ; puis,
renversez les lobes moyens en arrière , l'un
au dessus de l'autre par dessous le cervelet ,
comme ils sont représentés (*fig.* XII). Cette
incision existe sur les bords externes des parties moyenne et postérieure du simulacre.
Dans les autres mammifères , on écartait seulement , il n'était pas besoin d'inciser les lobes
moyens bien moins saillans sur l'antérieur.

Il nous a suffi également pour le lapin , de

retrousser la moelle allongée pour voir sa face intérieure. Il faut nécessairement ici inciser la membrane des hémisphères à son origine ; en ayant soin de porter le tranchant du scalpel au-dessus et en dehors du corps strié et de le ramener dans cette anfractuosité qui fait suite à celle de Sylvius , le long des parois latérales du lobe antérieur.

Avant de renverser les parties détachées , il est à propos d'inciser les piliers antérieurs de la voûte et le repli antérieur du *septum median* , qui est audessous ; ces lames proportionnées , et adaptées à la concavité des hémisphères, ne sont pas susceptibles d'assez d'extension ; mais il est bon , en faisant cela , de remarquer la convexité du *septum median* qui est imitée dans le simulacre dont l'ouverture latérale antérieure répond aussi à l'incision qui vient d'être faite. L'organe ainsi étalé , toutes les parties disjointes ou coupées sont très-peu distantes et prêtes à être remises en rapport. On peut imiter cette marche sur le simulacre en fixant, comme dans la nature , la voûte au corps calleux, avec une épingle. On reconnaît, avec un peu d'attention , les parties qui sont ici toutes renversées.

Après le cervelet qu'on a ouvert par le milieu , on voit les *processus cerebelli ad testes ,* les tubercules quadrajumeaux (*fig.* XIII, 13,10), les couches optiques (12) et le ventricule moyen qui ont été décrits dans la moelle allongée. On remarque ensuite entre les couches optiques et les corps striés, un repli fibreux (14) nommé la bandelette cornée ; à la face antérieure du ventricule moyen, les deux piliers antérieurs du trigone (15) derrière lesquels on voit en travers le cordon de la commissure antérieure (16). Les corps striés (17), grosses éminences pyriformes, dont la pointe est tournée du côté du cervelet ; elles sont placées en travers et obliquement sur la majeure partie des irradiations des pyramides, qui sortent de dessous la couche optique ; un tiers ou seulement un quart de ces irradiations (ce sont toujours les plus postérieures) n'en est pas recouvert.

Au bord interne de leur grosse extrémité, la substance grise qui les compose remonte un peu contre les lambeaux du *septum lucidum* [18], dont l'épaisseur seule les empêche de communiquer, soit l'un avec l'autre , soit avec la substance corticale des circonvolutions de l'échancrure interlobaire. Le cinquième ventricule [19] située entre les deux lambeaux du *septum luci-*

dum ; le trigone [20] recouvrant une partie du *septum lucidum* et le corps calleux, dont le repli postérieur [21] paraît entre les deux piliers postérieurs [22] du trigone ; ceux-ci se terminent dans les corps frangés [23] et la corne d'Ammon [24] ; en dehors on voit l'éminence et la cavité digitales. [25] De chaque côté des parties ci-devant décrites, on voit les faces des sections qui ont été faites dans l'épaisseur des parois de la membrane. L'espace intermédiaire de l'une à l'autre constitue les cavités ventruculaires resserrées entre ces parois quand elles étaient surappliquées. C'est la structure intime de ces objets que nous allons étudier.

Observons d'abord que les surfaces que nous voyons sont dues à la membrane réfléchie dont la terminaison est aux piliers antérieurs du trigone ; c'est aussi dans cet endroit que la couche optique lui donne origine. Ainsi, quand on a raclé le corps strié [*fig.* XIII, 17 *bis*,] il suffit de le faire d'un côté ; on voit les irradiations qui le traversent dans la nature comme sur le simulacre. Mais au-delà l'on ne peut plus les suivre sur le cerveau, à cause du plissement comme on le pouvait chez le lapin. Nous allons les observer sur le simulacre (*Fig.* XIV *bis*) : ces stries s'étalent en éventail ; on y peut par conséquent distinguer trois plans, l'antérieur, le moyen et le postérieur , d'où résultent les trois régions du cerveau ou du simulacre déployés que nous allons déterminer.

Première région.

Elle comprend la masse antérieure des hémisphères jusqu'au fond de l'échancrure interlobaire antérieure. La portion la plus interne des fibres du premier plan qui la forment se croise avec celle du côté opposé, pour former la commissure antérieure. Cela est plus évident chez le lapin ; le milieu de ce cordon est le double de chacun de ceux qui s'y croisent. Les plus grandes extrémités de ceux-ci font partie des lobes et pédicules olfactifs ; leurs plus petits bouts s'enfoncent au dessous des irradiations du corps strié, et s'épanouissent dans la base des hémisphères , après s'être croisés.

Chez l'homme et le singe les deux bouts antérieurs se recourbent en arrière et en dehors, pour ressortir au point correspondant à celni [n° 16] de la face inférieure du simulacre. C'est dans la nature, ce petit disque blanc que l'on aperçoit s'irradiant sur la face de la première section [*fig*. XII, 16,] qu'on a faite en détachant le lobe moyen ; on peut découvrir son

trajet à travers le corps strié. Chez tous les mammifères, autres que l'homme et le singe, cette
commissure se recourbe en sens inverse, et
vient former, avec la racine externe du nerf olfactif, tout le pédicule et le lobe du même nom,
audevant du lobe antérieur. Cette direction
contraire ne coïncide pas moins avec le grand
développement chez ces animaux, de ces parties
presqu'atrophiées chez l'homme, qu'avec l'am-
pleur du lobe moyen de ce dernier presque
nul chez les précédens.

Le reste des fibres du plan antérieur plus
clair semées, par suite de cette soustraction,
se replié d'abord en dessous pour former les
circonvolutions de la base du cerveau, puis en
haut et en avant pour constituer toute la masse
des lobes antérieurs ; elles se terminent au fond
de l'échancrure qui divise ces lobes, dans le repli
antérieur du corps calleux. C'est en se recourbant ainsi que ces fibres, revêtues en dehors
d'une couche de substance grise, présentent leur
face corticale dans l'intérieur du ventricule. Le
repli antérieur se formant plus tard, les fibres se
joignent alors en laissant de chaque côté sur la
base du pédoncule, ce noyau de substance
grise [le corps strié] qui s'accroît, ainsi que le
reste, par les vaisseaux qui le pénètrent. Ce
mécanisme n'est pas autre que dans tout le

reste du corps calleux ; le feuillet cortical se retire, et la substance blanche seule se réunit, c'est même le caractère général de toutes les commissures, comme nous l'avons dit. A l'appui de cela, nous rappellerons que chez le lapin, dont l'éventail n'est pas aussi vaste, la bande grise du corps strié se confond en dehors avec la couche externe des circonvolutions de son lobe moyen ; chez le singe, qui se rapproche déjà très-fort de l'homme, cette particularité existe aussi. Le corps strié est donc, comme tout le reste, un accident des plicatures.

Région moyenne.

Les fibres du plan moyen occupent l'espace compris depuis celles du plan précédent jusqu'à la terminaison en pointe du corps strié. En divergeant de dedans en dehors, elles donnent lieu à toute la surface comprise entre les échancrures interlobaires antérieure et postérieure dans le simulacre ; et dans la nature à toute la masse moyenne des hémisphères dont on voit ici la concavité ; c'est aussi tout l'espace qu'a séparé la deuxième incision. Pour concevoir cela, il ne faut que réappliquer sur le simulacre les parties de la base à celles-ci, et faire attention qu'en dedans comme en dehors , les fibres d'une face se continuent avec celles de l'autre , et se rendent à la partie moyenne du corps calleux.

Région postérieure.

Les fibres du plan postérieur proviennent tout-à-fait de la face postérieure de la couche optique ; elles sont moins obliques et plus longues que celles des deux plans précédens. Les plus rapprochées du plan moyen contribuent aussi à une partie de la masse des hémisphères, et se rendent au repli postérieur du corps calleux. Les autres bien plus considérables , et renforcées encore du cordon de la commissure, comme nous l'avons dit , ne participent pas au corps calleux, mais se contournent un peu obliquement en arrière dans le lobe postérieur qui n'existe que chez l'homme, ainsi que l'éminence digitale qu'on voit dans son intérieur ; ne pourrait-on pas regarder cette saillie comme un gonflement intérieur dû au contour de la membrane. Il n'a pas lieu chez les mammifères, par ce qu'au lieu de se projeter en arrière , la membrane ne fait que se recourber en dessous; ils n'ont point un lobe postérieur, car lobe signifie l'adossement de deux doubles; ils n'ont qu'un coude arrondi de la membrane dans ce point : elle ne s'écarte pas non plus comme chez l'homme en formant une échancrure.

Les mêmes fibres forment encore un contour plus en dedans et en dessous, c'est celui de la corne d'ammon. Ici les fronçures se terminent par un roulement d'après lequel la substance grise se renfle à l'intérieur au dessous du réseau fibreux, comme on peut le voir en coupant en travers la corne d'ammon. Les dernières fibres que nous venons de suivre sont restées étrangères au corps calleux; nous pourrions les suivre directement dans les lames de la voûte jusqu'aux piliers antérieurs ; mais comme ces parties sont dues également aux fibres des autres plans qui traversent le corps calleux, il convient , pour expliquer le mécanisme de celui-ci, de reprendre ces dernières aux points où nous les avions laissées.

Il est bon, avant tout, de concevoir que la couche fibreuse de la corne d'ammon, les corps frangés, les piliers du trigone et le septum lucidum, ne sont que des replis d'une même membrane, comme on peut le voir, sur-tout chez le mouton, par la direction parfaitement homogène et non interrompue des fibres qui constituent tous ces objets. Le *septum lucidum* qu'on restreignait aux deux triangles adossés dans le simulacre, est bien plus étendu que cela ; on peut regarder comme lui appartenant toute la couche fibreuse qui tapisse le plafond du ventricule latéral jusqu'aux parois externes incisées, sur laquelle couche on remarque des arborisations artérielles assez régulières. On disait aussi que le *septum lucidum* se fixe au corps calleux, désignation vague ; le corps calleux présente deux pouces de largeur quand on écarte les bords supérieurs des hémisphères et qu'on efface ce que Reil appelait ses genoux, formés par les rebords inférieurs, internes des mêmes hémisphères, au dessous desquels rebords le corps calleux s'enfonce par les côtés. Or, cette largeur répond à celle du plafond des ventricules latéraux. De plus, on sait que, dans les fréquentes hydropisies du cinquième ventricule, les lames du *septum* qui forment cet espace triangulaire, se détachent de la face inférieure jusqu'aux bords du corps calleux ; c'est donc sur les bords de cette commissure que le *septum lucidum* se fixe. Le cerveau, ainsi déployé, est donc tapissé à sa face interne et entre ses parois incisées d'une membrane toute fibreuse, non froncée et mince par conséquent, appliquée sur la membrane froncée et partant fort épaisse, qui forme la paroi supérieure que l'on voit ici renversée. Toutes deux sont symétriques et adossées sur toute la ligne médiane chez les autres mammifères ; leur septum lucidum règne par conséquent, d'un bout à l'autre, quoique plus large en avant, et leurs hémisphères ne sont pas bifurqués en arrière ; tandis que chez l'homme et le singe la membrane extérieure se bifurque, et l'intérieure ne s'adosse que depuis la pointe du repli postérieur, ce qui restreint leur cinquième ventricule.

, Les fibres de la membrane extérieure s'ajustent et se continuent bout à bout avec celles de la membrane intérieure sur les bords du corps calleux. Cette dernière et donc la terminaison de la première. Nous allons reprendre en sens inverse, c'est-à-dire, d'arrière en avant les trois plans fibreux que nous avons suivis jusqu'au corps calleux, excepté une partie du plan postérieur qui ne s'y rend pas, comme nous l'avons remarqué ; cette portion de fibres se recourbe directement de l'un et de l'autre côté dans la corne d'ammon et les corps frangés.

· **Les fibres qui se rendent au repli postérieur**

se réfléchissent aussi, non point dans le pilier
du trigone du côté de l'hémisphère d'où elles
proviennent, mais dans les lames du pilier
postérieur opposé, ce qui résulte évidemment
de la disposition de ces fibres. En effet, quand
on les regarde attentivement, on voit que
chaque fibre provenant du lobe droit, se porte
au pilier gauche du trigone, en se croisant
avec les fibres provenues du lobe gauche qui
passent, au contraire, dans le pilier droit.
Cette décussation est très-serrée et transversale
dans l'espace d'environ un pouce; après cela
on voit deux ou trois fibres un peu plus obliques en avant, qui viennent de chaque côté,
se croiser isolément, mais de la même manière,
à une ligne ou deux d'intervalle. Enfin, plus
inférieurement, depuis quatre jusqu'à six fibres tout-à-fait obliques qui convergent au
bord interne des lames du trigone et forment,
en se croisant encore de même, un petit qua-
drille précisément au point où les lames s'adossent pour former le trigone proprement dit.
Toutes ces circonstances réunies se voient sur
presque tous les sujets, par une dissection spéciale. Il faut soulever le cervelet et retirer, par
la fente de Bichat, toutes les membranes après
avoir coupé les petits vaisseaux par lesquels

elles tiennent à ce repli de peur de le déchirer, et l'on reconnaît que ce n'est point un entrelacement irrégulier comme presque tous les auteurs l'ont avancé. (Voy. *fig.* XIII et XIV *bis*, 21.)

Cette disposition ne peut plus se vérifier pour les plans moyen et antérieur que le *septum* recouvre ; il est à croire qu'elle existe et que toutes les fibres de l'éventail s'avancent : les moyennes transversalement, les antérieures obliquement d'avant en arrière en suivant la courbure du repli antérieur, et toujours celles de chaque lobe au bord opposé du corps calleux, d'où elles descendent dans leurs diverses directions, par les lames du septum, aux piliers antérieurs du trigone. En effet, si l'on suit principalement sur le cerveau du mouton, l'épanouissement du pilier antérieur, on y reconnaît toutes les directions que nous venons d'indiquer. C'est donc vraiment aussi un double éventail, moins grand que ceux des corps striés dans leur plus grande divergence, mais tout aussi grand quand ceux-ci, en convergeant de tous les points se sont concentrés dans l'étendue du corps calleux, et de ses deux replis ; enfin les piliers de la voute, dégagés de la couche pulpeuse des hémisphères, ne paraissent pas d'un volume moins fort que les pyramides prises au collet, avant qu'elles se soient enduites de cette même pulpe. Le repli postérieur n'est découvert que chez l'homme et le singe.

Il résulte de tout cela que le corps calleux ne serait pas un adossement comme on l'a prétendu. En effet, si l'on regarde avec attention l'espèce de callosité d'où il tire son nom, callosité qui est au milieu de sa face supérieure, on reconnaît qu'elle ne règne que dans une portion de l'épaisseur du corps calleux; cette épaisseur est celle de la couche pulpeuse qui accompagne la membrane fibreuse dans ses plissemens; elle ne fait que s'adosser avec celle du côté opposé, tandis que les fibres qui sont au dessous s'entre-croisent. Aussi n'aperçoit-on ce raphé, cette callosité, qu'à la face supérieure et non sur l'inférieure, au fond du cinquième ventricule. Nous avons vu en effet, chez le lapin, que cette couche pulpeuse était située entre le feuillet fibreux et le cortical. Chez le nouveau né, elle cède facilement quand on écarte par en haut les hémisphères; la face inférieure ne rompt que par un plus grand effort; si après avoir ouvert le cerveau, on exerce un tiraillement en sens inverse du premier, la couche fibreuse ne rompt pas plus sur la ligne médiane qu'en un autre point, et lorsqu'elle vient à céder, toute la commissure se sépare.

Je vais en même temps soumettre aux lumières des savans quelques conjectures sur la coïncidence du non croisement d'une partie des fibres pyramidales dans le corps calleux , avec le troisième croisement, que nous avons décrit à la protubérance en traitant de la moelle allongée.

Nous avons vu , d'une part, que la membrane du cerveau dans les reptiles et les poissons se continuait dans le cervelet, puis se résolvait dans les faisceaux postérieurs. Cette continuité ne nous a pas paru moins certaine dans les oiseaux et les mammifères, quoique les décussations la rendissent moins directe.

D'autre part, nous avons vu qu'une portion des fibres des hémisphères descend immédiatement par le faisceau de l'infundibulum dans la moelle allongée. Une autre portion se porte au cervelet , dans l'intérieur duquel elle se continue avec les fibres des pyramides postérieures, qui arrivent du bas de la moelle, après le croisement de la la protubérance.

Je demanderai si ce serait les fibres des hémisphères, qui ont échappé au croisement du corps calleux , qui viendraient aboutir au cervelet ; je n'ai point de moyen de les distinguer dans les divisions des piliers du trigone ; les seules circonstances sur lesquelles j'oserais hasarder quelques présomptions, mais faibles, il est vrai, sont celles qui résultent du raprochement suivant :

Après s'être croisés au bulbe rachidien , les faisceaux antérieurs forment deux divisions ; l'une, beaucoup plus forte , est la pyramide ; l'autre , bien moindre, est le faisceau nommé olivaire, qui forme sur les côtés du précédent le petit renflement membraneux de la figure duquel il prend son nom ; après quoi il est certain, comme nous l'avons pu voir chez le fœtus et chez l'adulte , que ce faisceau monte avec la pyramide dans le pédoncule cérébral , puis s'épanouit dans les corps striés , d'où ils redescendent ensemble dans les piliers du trigone , ainsi que nous l'avons établi. Voici maintenant une série de suppotions :

Si les fibres postérieures qui ne se croisent pas au corps calleux, étaient précisément celles du faisceau olivaire ;

Si la division des piliers du trigone qui descend se croiser au cervelet , était précisément encore les mêmes fibres olivaires ; il y aurait cela de naturel et de vraisemblable, que, 1° le renflement cérébelleux serait aussi bien proportionné au volume du faisceau olivaire seul, que le cerveau serait en rapport avec les volumes réunis de ce faisceau, plus de celui des pyramides qui s'y épanouissent ensemble; 2° le faisceau olivaire fournirait dans le pédoncule du cervelet, en revenant, un petit renflement tout semblable à celui auquel il donne lieu dans le bulbe rachidien, en montant à l'encéphale. (Je veux parler du corps ciliaire, dont la ressemblance et la coexistence avec l'olive ont frappé tous les anatomistes présens et passés.)

Enfin ; les fibres qui se croisent au collet du bulbe rachidien, en montant, se décroiseraient toutes en descendant, partie dans le corps calleux, partie dans la protubérance; et, de cette manière, chacune d'elles étant croisée deux fois, ce qui revient à ne l'être pas, se rendrait par un faisceau et un nerf postérieur ou moyen, à l'organe dont elle était partie, par un nerf et un faisceau antérieur; la correspondance serait seulement établie en ligne oblique d'un lobe au côté opposé du corps, pour l'un comme pour l'autre nerf.

Quoiqu'il en soit de ces suppositions sur

lesquels j'attends la décision des gens éclai-
rés, nous allons suivre les divisions des piliers
antérieurs du trigone.

Ces petits faisceaux médullaires fournissent,
comme nous l'avons vu chez le lapin, une
première division supérieure et externe qui
recouvre la couche optique d'un réseau blanc
assez apparent; ce réseau est beaucoup plus
épais à la partie externe au dessous de la bandelette cornée, que je regarde comme un
repli arachnoïdéal qui serait une dépendance
du *septum lucidum*. Le réseau contourne la
couche optique en dehors, et vient former
la partie blanche des tubercules quadrijumeaux et des corps genouillés que la rainure
dont nous avons parlé dans la moelle allongée, sépare en dehors des faisceaux pyramidaux et olivaires qui sont les faisceaux
montans.

Plus épais aussi à sa partie interne, le réseau superficiel de la couche optique fournit une bandelette assez forte qui couronne
le bord supérieur de la face ventriculaire de
cette même couche; elle se réunit avec l'opposée pour former la commissure postérieure
sur laquelle est implantée la glande pinéale,
puis se réfléchit sur l'aquéduc de Sylvius, et

les tubercules quadrijumeaux qui , à la cavité près , sont , ainsi que les lobes bigéminés des oiseaux , formés d'une couche grise entre deux lames blanches. De ces tubercules , la division que nous suivons descend par les *processus testium ad cerebellum* dans cet organe dont un feuillet recouvre ces mêmes processus ; c'est là ce qui compose la valvule de Vieussens. Au dessous de ces parties est le canal ou acqueduc de Sylvius qui fait communiquer le quatrième avec le troisième ventricule. Les processus s'épanouissent ensuite dans le cervelet où ils donnent, par un plissement analogue, mais bien plus composé que chez aucun animal, ce joli dessin nommé l'arbre de vie , qu'on obtient par une coupe verticale dirigée du centre à un point quelconque de la périphérie de l'organe. Du reste , c'est toujours la jonction de deux lames dont l'une descend des processus , et l'autre monte des pyramydes postérieures pour se rencontrer dans l'organe , après avoir l'une ou l'autre contourné la protubérance, en se croisant avec sa correspondante, de manière à se rendre dans l'hémisphère du côté opposé à celui dont elles proviennent. Il est curieux de remonter des cervelets des animaux inférieurs à celui de l'homme. C'est une simple lanière transversale dans la grenouille ; c'est un feuilet doublé, formant un cul-de-sac chez la raye et d'autres poissons ; par fois même son intérieur présente des dentelures flexueuses, rudiment de l'arbre de vie ; chez l'oiseau, ces dentelures sont devenues des plis assez profonds, qui fournissent eux-mêmes de petites ramifications secondaires. Chez les mammifères, enfin, ces dernières en engendrent d'autres, et ainsi successivement.

La division inférieure des piliers antérieurs se compose : 1° d'un filet qui descend directement du pilier lui-même au tubercule mammillaire ; 2° d'un second filet qui descend comme chez le lapin (cela se voit par la même coupe), au dessous du filet précédent, tout-à-fait au fond de la couche optique, et se rend également au même tubercule mammillaire. Celui-là provient de la division superficielle, décrite en premier lieu. Ces deux filets composent la division de l'infundibulum qui se continue, comme nous l'avons dit en parlant de la moelle allongée, dans le faisceau moyen, en passant aux parties latérales postérieures du bulbe rachidien. On peut donc considérer la couche optique comme un amas de substance grise et de pulpe blanchâtre, située entre les fibres montantes des pyramides et de l'olive, et les fibres descendantes des faisceaux moyens et pyramidaux postérieurs que je nomme faisceaux du retour, à cause de la méthode d'après laquelle je les suis, et il est bon d'observer que toutes les parties auxquelles ces derniers donnent lieu dans la moelle allongée, sont beaucoup plus fines et n'ont point l'aspect fasciculé des faisceaux montans; ce caractère existe déjà dans les lames du trigone, du septum et de la corne d'ammon, tandis que le repli postérieur présente un aspect contraire. Du reste, la couche optique ne possède rien de fibreux qui lui soit propre.

En voilà assez, je pense, pour nous convaincre que tous ces objets si extraordinairement conformés et encore plus singulièrement dénommés, ne sont autre chose que la fibre nerveuse, diversement modifiée et repliée sans jamais être interrompue; ce qui n'empêche point que chaque renflement qui se trouve sur le trajet de ces fibres, ne puisse avoir des usages différens par suite de sa composition chimique ou de toute autre disposition des trois substances qui nous est inconnue.

On peut, quand on a ainsi examiné le cerveau, ramener au contact les parties détachées, alors on conçoit comment , en replaçant les couches optiques et les corps striés sur le trigone, celui-ci les doit recouvrir quand on dissèque l'organe par la face supérieure ; comment, du simple écartement des couches optiques , il fait une cavité fermée ; comment, en repliant de dehors en dedans les deux feuillets postérieurs de la membrane, les bords des feuillets internes, par la laxité que leur donne ce pli, se festonnent et forment ainsi le corps frangé, qui n'était auparavant qu'une lame droite et unie ; enfin, comment cette partie postérieure étant bifurquée, les plis de chaque feuillet laissent entr'eux une échancrure qui se trouve convertie en une fente par la face postérieure de la protubérance ; c'est la fente de Bichat par où s'introduisent les membranes tégumenteuses.

CHAPITRE VII,

DES MEMBRANES PROPREMENT DITES.

Elles sont au nombre de trois : la dure-mère, la pie-mère et l'arachnoïde.

Dure-mère.

C'est l'enveloppe du cerveau la plus externe ; elle 'ne paraît pas moins destinée à lui servir de tégument qu'à former des cloisons intermédiaires à ses diverses parties ; elle l'isole de la paroi interne de la boëte osseuse, envers laquelle elle remplit les fonctions de périoste, plus tôt parce que ce dernier n'y existe pas que par d'autres raisons, car elle adhère très-peu à la table interne dans toute l'étendue de la voûte, aussi bien que le long du canal rachidien. Les principales adhérences de la voûte ont lieu sur les sutures sagittales, temporale et lambdoïde, ainsi que par le trou sagittal, d'où une multitude de prolongemens vont communiquer avec le péricrâne. Elle adhère beaucoup plus à la base du crâne; ce qui tient sur-tout à ce qu'il est percé dans cette partie d'une infinité de trous pour la transmission des nerfs ou des vaisseaux.

On peut se dispenser de l'examiner successivement dans les trois fosses orbitaire, temporale et occipitale où elle se comporte d'une manière uniforme ; nous nous contenterons de dire qu'il n'est pas une issue destinée aux paires encéphaliques qu'elle ne tapisse, en formant ainsi une gaine aux nerfs et un véritable périoste adhérent à l'os, sur lequel il se perd par une confusion intime ; quelquefois elle se subdivise en autant de canaux qu'il y a de filets nerveux différens, comme pour l'olfactif dont elle accompagne les ramifications dans les fosses nasales, en se confondant avec la couche fibreuse externe de la pituitaire ; d'autrefois elle se divise, comme pour l'optique, en deux lames dont l'une se perd dans le périoste de la cavité orbitaire, et l'autre à la schlérotique où elle accompagne le nerf. L'arachnoïde fournit des prolongemens en forme de cul-de-sacs qui s'introduisent par ces canaux et s'y enfoncent plus ou moins avant, d'où ils se réfléchissent sur le nerf. Au sortir de ces canaux, les nerfs ne sont plus ensuite séparés entr'eux que par des lames celluleuses plus ou moins denses.

Sinus.

Il y a deux sortes de sinus : les uns fixes dans une gouttière osseuse , les autres dans la membrane elle-même, sont mobiles ; tous sont formés par une double lame qui s'écarte, mais au delà de la largeur de ces conduits elle redevient simple et n'offre qu'un feuillet. Dans les sinus des gouttières , une des lames est fixée à l'os et lui tient lieu de périoste. Tous ceux qui servent au sang veineux sont tapissés à l'intérieur de la membrane propre à ce système de vaisseaux ; leur description appartient plus à l'appareil vasculaire qu'à l'appareil sensitif.

Un sinus doit fixer notre attention parce qu'il est traversé par un grand nombre de nerfs, c'est le caverneux. Un des feuillets de la membrane qui s'écarte en cet endroit, tapisseà la manière du périoste la gouttière caverneuse, et l'autre la recouvre. Dans l'intérieur de ce sinus, outre la carotide, on voit de dedans, et d'en bas en haut et en dehors , les nerfs moteur oculaire externe, trijumeau, moteur commun et pathétique. Ils sont séparés entr'eux et des parois du

sinus, par des lames celluleuses ; ils y débou-
chent par des canaux fibreux qui s'ouvrent et
se terminent dans les parois du sinus ; mais vis-
à-vis il s'ouvre des canaux correspondans qui
accompagnent les nerfs à leur destination.

Trois portions de la dure-mère servent à
isoler les renflemens cérébraux ; la faux et la
tente du cervelet, et la faux du cerveau. Cette
dernière est longitudinale et verticale. La
tente est transversale et horizontale. Ces parties
s'ajustent entr'elles, avec les os et avec le reste
de la calotte fibreuse de la dure-mère. Dans
chacun des points de réunion entre ces parties,
il y a écartement des feuillets de la membrane,
il existe des sinus par conséquent.

La faux cérébrale est convexe et a la forme
qu'indique son nom ; elle mesure le diamètre
antéro-postérieur du crâne ; elle s'attache en
devant à l'apophyse cristagalli, qu'elle em-
brasse par une extrémité rétrécie. L'extrémité
postérieure, plus large, se continue avec la
tente du cervelet ; elle est revêtue des deux
côtés d'un feuillet arachnoïdéal ; elle sépare les
hémisphères, et règne dans toute leur longueur
et leur profondeur, de leur sommet jusqu'au
corps calleux ; elle est toujours tendue, et les
empêche par là de se comprimer l'un l'autre

dans la station ou les mouvemens qui ont lieu sur les côtés de la tête.

La tente du cervelet partage horizontalement la fosse occipitale au niveau de la crète du même nom, et à la hauteur correspondante du bord du rocher, de sorte que la portion supérieure à cette fosse est presque de niveau et ne forme qu'une seule fosse avec la temporale, laquelle est occupée par le lobe moyen. Dans tout son contour, excepté en devant, dans l'espace d'un pouce environ qui correspond à la surface basilaire, la tente est fixée, savoir; sur les côtés, aux bords postérieurs du rocher ; en arrière, à la crête occipitale et aux gouttières latérales ; elle se continue au dessus avec la faux cérébrale, en dessous avec la faux cérébelleuse; elle correspond, dans ce dernier sens, au cervelet, et dans le premier aux lobes postérieurs du cerveau, par deux faces revêtues chacune d'un feuillet arachnoïdéal. Elle est fortement et constamment tendue, et par là empêche la compression du cervelet par le poids des hémisphères.

Entre les deux extrémités internes du rocher, au dessus de la surface basilaire, la tente présente une échancrure arrondie qui est formée de ses deux lames qui se croisent en X en cet

endroit, en recouvrant la protubérance annulaire, et vont s'attacher, l'une à l'apophyse cli-
noïde antérieure, et l'autre à l'apophyse cli-
noïde postérieure ; du côté opposé, au fond de
cette échancrure, est la surface basilaire sur
laquelle repose la protubérance cérébrale.

La faux du cervelet est un petit repli extrêmement dense, dont la convexité adhère à
l'occipital, depuis la tente du cervelet jusqu'au
grand trou du même os, au devant duquel elle
se divise en deux pointes, qui se portent inférieurement plus ou moins loin de chaque côté
de cette ouverture ; sa partie antérieure présente une lame droite, verticale, saillante, qui
occupe l'échancrure peu profonde qui sépare
les hémisphères du cervelet.

Dure-mère rachidienne.

Au niveau du grand trou occipital, la dure-
mère s'introduit dans le canal du rachis, où
elle forme un canal fibreux allongé comme lui,
mais en différant parce qu'il est moins large,
en sorte qu'il flotte dans cette cavité; et encore
parce qu'il est arrondi, tandis que le conduit
osseux est triangulaire. Dans plusieurs régions la
gaine fibreuse est beaucoup plus large aussi que

les faisceaux qu'elle enveloppe, et qui semblent flotter au dedans quand on l'a incisée.

La dure-mère rachidienne ne sert point de périoste aux os du rachis, dont les lames internes sont recouvertes en devant par une lame fine, en arrière par le ligament vertébral postérieur ; il existe aussi entr'elle et la paroi osseuse un tissu cellulaire, lâche, filamenteux, qui ne contient point de graisse dans la majeure partie du canal, mais qui en a beaucoup au niveau du sacrum.

Sur les côtés, la dure-mère fournit, en nombre égal à celui des nerfs, des petits conduits fibreux, variables en direction et en longueur comme ces nerfs eux-mêmes qu'ils accompagnent. Ils sont sensiblement renflés au niveau du trou qui les transmet à cause du ganglion que leur nerf offre en cet endroit ; ils s'amincissent d'autant plus qu'ils s'éloignent davantage de la dure-mère, et se perdent en se continuant avec le tissu cellulaire, et non avec le périoste comme ceux du crâne.

La surface interne de la dure-mère vertébrale est revêtue par-tout de l'arachnoïde ; on y voit sur les parties latérales, entre les orifices des conduits des nerfs, l'attache des divers appendices du ligament dentelé ; elle paraît s'ouvrir pour les recevoir, et s'identifier avec eux.

La dure-mère appartient évidemment au système fibreux, d'abord parce qu'elle a son origine dans le périoste des os, et ensuite parce que sa structure est évidemment formée de fibres blanchâtres qui s'entrecroisent en tous sens; elle est extensible, puisqu'elle acquiert une capacité énorme dans certaines hydrocéphalites, elle n'est point contractile; sa vitalité est extrêmement obscure, quoiqu'elle reçoive beaucoup de vaisseaux par les méningées moyennes; aucun nerf ne paraît y pénétrer.

De la pie-mère.

La pie-mère est improprement nommée membrane; c'est un réseau celluleux entrelacé d'un lacis vasculaire à sang rouge et à sang noir. Nous pouvons nous faire d'elle, ainsi que de l'arachnoïde, une idée succincte et très-nette d'après la manière dont nous avons envisagé le cerveau. Représentons-nous l'organe déployé comme le simulacre, c'est-à-dire, le trigone lui-même renversé et non adhérent au corps calleux. Nous aurons alors une seule grande membrane composée d'un feuillet cortical gris

externe, et d'un feuillet blanc interne ; c'est
avec le premier que la pie-mère est en rapport , c'est pour le second que l'arachnoïde
paraît sur-tout destinée. Occupons-nous de la
pie-mère.

Ainsi étendu, le cerveau est recouvert par
toute sa face corticale d'un feuillet de la pie-
mère. Comme cette face est plissée , la membrane vasculaire en tapisse toutes les anfractuosités, cela se voit aussi bien à l'extérieur ;
mais il est à remarquer que le feuillet cortical
est moins long que le feuillet fibreux de toute
la longueur de la lame du trigone, et la pie-
mère se répand également sur ces lames fibreuses du côté que tapisse la substance corticale ;
on peut donc se représenter la pie-mère comme
une nappe appliquée à toute une face du cerveau , et se terminant à toute la circonférence
de cette face qui est l'extérieure , par un bour-
relet , en se roulant sur elle-même. C'est là ce
qui forme les plexus choroïdes , et les replis
analogues qu'on trouve au fond de la scissure
interlobaire de chaque côté du corps calleux.
Quand, par le fait des plicatures , la pointe du
trigone est amenée au repli antérieur du corps
calleux, et que, pardessus, on ramène les
parties de la base , la face externe des lames

du trigone , ainsi que la membrane qui la revêt , se trouvent dans l'intérieur de l'organe ,
et les replis qui couronnent ses bords se trouvent entre les deux doubles qui sont appliqués
ensemble ; c'est ce qui arrive aux plexus choroïdes qui longent les corps frangés et la corne
d'ammon, que l'on rencontre précisément entre le lobe moyen replié sur l'antérieur. Celui
qui borde la toile choroïdienne du trigone est
évidemment la partie de la pie-mère qui devrait être collée à la cloison, et qui, ne s'étant
pas , comme elle, fixée au corps calleux , re-
tombe sur la lame du trigone. Tout cela doit
être facile à concevoir, quand on a conçu les
plis de la substance cérébrale ; quoique certainement la nature plie la membrane du cerveau
à mesure qu'elle l'organise.

La pie-mère a son origine dans les branches
des artères carotides et basilaire ramifiées et
anastomosées en tout sens , et elle se termine
dans les veines qui, de toutes parts, aboutissent du cerveau dans les sinus de la dure-mère,
enveloppées de conduits celluleux, et revêtues
des prolongemens réfléchis de l'arachnoïde.

Elle pénètre dans toutes les anfractuosités
externes de la membrane corticale dans tous
les sens où l'on peut examiner le cerveau ; elle

s'applique sur sa base, elle forme des prolongemens aux nerfs qui sortent des faisceaux. Elle se comporte de même à l'égard du cervelet; on trouve aussi dans le ventricule de celui-ci un plexus choroïde, et une toile choroïdienne qui sont le prolongement et la terminaison de la pie-mère sur les processus vermiculaires. Près du canal vertébral elle forme une gaine externe qui se comporte sur la moelle comme il suit :

La pie-mère avait déjà acquis une consistance plus grande sur la face externe de la protubérance ; mais au niveau des pyramides et des corps olivaires, elle se transforme en une membrane dense d'une nature particulière, propre à la moelle à laquelle elle adhère intimement. Cette membrane est d'un tissu solide assez épais, résistant, sur-tout si on le considère plus inférieurement, et qui paraît composé de fibres plus distinctes sur les parties latérales; elle reçoit peu de vaisseaux en propre, mais les artères spinales antérieure et postérieure se ramifient sur elle pour pénétrer dans la moelle. Par sa face externe elle correspond à l'arachnoïde qui n'y adhère point, car on peut entr'elles insuffler de l'air avec un tube, et soulever ainsi la séreuse. Son usage est de comprimer un peu la moelle, de la contenir, et aussi de donner attache au ligament dentelé qui fixe la moelle dans le milieu de ses enveloppes ; elle se prolonge sur les nerfs au sortir de leurs issues, et paraît identique avec leur névrilème.

Ligament dentelé.

Ce ligament, qui paraît être de nature fibreuse, règne tout le long de la moelle depuis l'occipital jusqu'à sa terminaison; il représente un cordon étroit, applati et blanchâtre; il occupe l'espace triangulaire situé sur les côtés des faisceaux entre chacun des filets antérieur et postérieur par lesquels les nerfs prennent naissance ; il a deux insertions fixes, l'une à la membrane propre de la moelle par du tissu cellulaire, et l'autre en dehors à la dure-mère avec laquelle il se confond par une foule de petits prolongemens qui lui ont mérité son nom. Ces prolongemens sont triangulaires, leur base est à leur origine, et leur sommet à leur terminaison. Chacun d'eux remplit l'intervalle qui se trouve entre deux nerfs vertébraux ; ils sont plus longs en bas qu'en haut.

De l'arachnoïde.

Nous avons dit au commencement de l'avant‑dernier article, que cette membrane semblait plutôt destinée à se mettre en rapport avec la substance blanche, et la pie‑mère avec la corticale. L'arachnoïde, en effet, est appliquée immédiatement à la substance blanche sans aucun intermède ; elle est séparée de la surface corticale par la pie‑mère, et ne pénètre pas dans les intervalles des circonvolutions. Je demanderai même s'il ne serait pas possible qu'elle sillonnât l'intérieur de la substance cérébrale entre chacune des deux lames dont se compose une circonvolution ; l'on sait que lorsque des tranches de ces circonvolutions ont bouilli dans l'huile ou bien ont macéré dans l'alcohol, ou toute autre liqueur qui crispe les fibres et occasionne un retrait, par le moindre effort ou même spontanément, elles se partagent sur la ligne médiane excepté à la périphérie qui est la courbure du pli qui les constitue. Certainement la nature ne fait pas d'abord une grande membrane qu'elle plisse ensuite ; elle procède aux plicatures et au plissement de la membrane en même temps qu'à sa formation, mais certainement aussi l'arachnoïde est formée en même temps que le reste. Quoiqu'il en soit , elle est très-fine à l'intérieur de l'organe , et son existence n'y est sensible que par son exhalation. L'on peut, en deux mots , se faire une idée très-juste de la manière dont elle s'y comporte : en se figurant le cerveau tout déployé et enveloppé sur toutes ses faces de la membrane séreuse ; alors on verra comment, en se repliant, toutes les parties qui se roulent dans l'intérieur ou qui s'adossent , entraînent avec elles le feuillet qui les revêt; voilà pourquoi on la trouve à la face interne de tous les ventricules , même dans celui du septum lucidum; par-tout enfin où les parties ne sont que contigues.

Mais comme les membranes séreuses sont des sacs sans ouverture , il faut concevoir celui dans lequel le cerveau est enveloppé de toutes parts , assez vaste pour que l'excédant de ce qui revêt le cerveau puisse se réfléchir de la surface corticale sur la face interne de la dure-mère. Il s'y étend dans tous les sens, pénètre dans tous les enfoncemens qu'elle forme, descend le long des faces latérales externes des lobes, jusqu'à la base du cerveau qu'il tapisse également; là il s'enfonce dans toutes les gaines

fibreuses des nerfs, en y envoyant des prolongemens en forme de culs-de-sacs , qui sont
toujours des dépendances du feuillet de la
dure-mère.

Arachnoïde rachidienne.

Son feuillet interne est appliqué sans adhé-
rer , comme nous l'avons dit , à la membrane
propre de la moelle, aussi bien qu'au ligament
dentelé. Sur les côtés, et inférieurement , elle
fournit des prolongement à chaque nerf ; ces
prolongemens se réfléchissent du nerf sur la
dure-mère, et y forment ainsi le feuillet qui la
revèt en bas. C'est à cette réflexion qu'est dù
le cul-de-sac qui contient la sérosité dans les
hydrorachis.

En avant et en arrière, l'arachnoïde envoie à
la dure-mère des prolongemens qui forment
une gaine aux vaisseaux, lesquels se trouvent,
ainsi que les nerfs, hors de la cavité que la sérosité lubrifie.

On est bien loin de connaître tous les usages
physiologiques de l'arachnoïde, non plus que
des autres séreuses ; mais il est certain qu'une
membrane, dont l'état pathologique influe tant

sur les fonction du cerveau , doit en avoir de plus importantes que celle de favoriser le glissement des parties par la sérosité qui lubrifie ses parois.

CHAPITRE VIII.

ORIGINES DES NERFS.

Les origines ou les insertions des nerfs furent décrites comme les parties du cerveau, sous le seul rapport des localités. Depuis M. Gall, cette investigation fut soumise à ce préjugé qui domine son système, que la matière grise en est la source, la matrice ; qu'ils y sont enracinés, et qu'à chaque point de leur naissance il existe un renflement de substance grise, auquel M. Gall donne le nom de ganglion. Il suffit de couper une moelle épinière par rondelles dans toute son étendue, ou bien de la fendre dans sa longueur, pour voir que ces renflemens sont imaginaires. Les seuls bien réels sont ceux qui correspondent aux plexus pectoraux et abdominaux ; mais la substance blanche n'y est pas moins augmentée de volume que la grise. Quant aux renflemens de l'encéphale, il est bien certain que les nerfs prennent naissance aussi dans les dépressions qui les séparent, tels que les moteurs de l'œil, le facial, etc.

M. Bellingeri qui admet en partie les opinions de M. Gall sur la substance grise, a reconnu qu'une très-faible portion des racines qui composent les nerfs rachidiens postérieurs, communique avec la substance grise. Ce sont celles qu'il prétend exclusivement sensibles. A l'appui de cette opinion, il a cru remarquer que les nerfs des sens extérieurs communiquaient tous avec la substance grise de l'encéphale : nous allons voir l'inexactitude de cette dernière assertion ; je n'ai pas vérifié la première. Dans mon opinion, les faisceaux ont une organisation comparable à celle de certains végétaux, ayant à leur centre une colonne de sève, et leurs fibres ligneuses surappliquées tout à l'entour. La substance grise serait la moelle des faisceaux, répandant excentriquement ses sucs nourriciers ; et de même qu'un rameau ne reçoit point ses fibres de la sève de la branche qui le porte, mais des fibres mêmes de cette branche qui s'écartent de la masse ; de même les fibres d'un nerf viennent se continuer plus ou moins profondément ou superficiellement dans la masse blanche des faisceaux, ou *vice versa,* la matière blanche de ceux-ci dans les nerfs ; ce qui revient au même, car, il me semble que c'est sans but que l'on a donné tout récemment pour une nouveauté le développement des nerfs de la circonférence au centre. On ne doit pas plus entendre par là qu'ils marchent du fond d'un organe à travers des tissus plus solides que le leur, qu'on entendait autrefois que ces petits cordons s'allongeaient de la moelle pour perforer les parties qui se trouvent sur leur passage ; il me paraît incroyable et contraire à tout ce qui est connu, que notre économie puisse se développer autrement que par la rudiment.tion de tous nos tissus en même temps, et si les nerfs ne prennent, qu'à une certaine époque, leur insertion sur la moelle, cette exception trouverait son motif dans la facilité que les trous de conjugaison laissent aux nerfs, à toutes les époques, de se réunir à l'axe du système.

Un point plus essentiel dans l'origine des nerfs, auquel on n'a donné quelque attention que depuis que l'on compte les faisceaux de la moelle et qu'on leur attribue des propriétés distinctes, c'est de déterminer de quels faisceaux différens proviennent les différens nerfs.

Voici ce que M. Bellingeri a remarqué sur

les origines des nerfs antérieurs et postérieurs de la moelle. La racine antérieure a une triple origine : parmi les filets qui la composent, les uns viennent des faisceaux antérieurs, les autres des scissures collatérales, d'autres enfin des faisceaux collatéraux ; ils sortent tantôt de la surface, tantôt de la profondeur de la moelle, mais il est douteux qu'ils aillent jusqu'à la substance grise ; leur ténuité est presque capillaire ; ils se rapprochent peu à peu, se joignent enfin mais s'unissent sans se confondre.

La racine postérieure a aussi trois origines distinctes : la première a lieu sur les cornes postérieures de la substance grise, au niveau des sillons collatéraux postérieurs ; la seconde qui est la moins considérable sur la substance blanche des faisceaux postérieurs ; la troisième sur les faisceaux latéraux ; quelques-uns de ces filets sont très-minces et égalent tout au plus en grosseur ceux des racines antérieures ; mais le plus grand nombre est beaucoup plus volumineux. Une dissection attentive démontre qu'ils sont composés de plusieurs autres filamens réunis ensemble, soit par les membranes, soit par les anastomoses qu'ils s'envoient réciproquement ; en sorte que, dès leur origine, ils forment une espèce de plexus dont toutes les branches communiquent ensemble, c'est à ces racines postérieures seules qu'appartiennent les ganglions spinaux.

Il résulte de cela des différences assez remarquables entre les deux racines des nerfs rachidiens ; les filets qui composent l'antérieure sont tenus et multipliés ; ceux de la postérieure sont plus gros, mais moins nombreux ; les filets de la première, après un certain trajet, se réunissent, mais par une simple juxta position ; ceux de la seconde communiquent ensemble par des rameaux multipliés dont résulte une espèce de plexus. Ceux-ci viennent presque exclusivement de la substance blanche ; ceux-là sortent en partie de la grise. Enfin les racines postérieures forment les ganglions spinaux, tandis que les antérieures y sont complètement étrangères. Le nerf spinal naît entièrement des faisceaux moyens.

Le même auteur n'a décrit spécialement et d'une manière précise l'origine d'aucun nerf de la tête ; il pose seulement en thése générale : que certaines paires, telle que la quatrième, reçoit exclusivement ses racines des productions du cervelet ; tandis que la sixième qui est son antagoniste, naît des dépendances du cer.

veau ; que celles des organes destinés à des mouvemens divers et opposés, telle que la troisième paire et l'hypoglosse, reçoivent des filets des faisceaux cérébelleux et des faisceaux cérébraux ; par ces derniers il n'entend que les pyramides antérieures et leur division olivaire ; par les premiers, les faisceaux moyens et les pyramides postérieures. Mais nous avons pu déterminer, avec beaucoup de certitude, que le faisceau moyen ou de l'infundibulum ne communique point avec le cervelet, mais au contraire avec le cerveau. Cette observation ne change rien à la description des origines que fournissent ces trois faisceaux ; mais elle sera d'un grand poids pour apprécier leurs usages physiologiques, que M. Belingeri prétend être l'antagonisme entre les mouvemens d'extension qu'il attribue aux productions supérieures du cervelet, ainsi qu'aux faisceaux qui en descendent dans la moelle ; et les mouvemens de flexion qu'il attribue au cerveau et aux faisceaux de la moelle ou de la moelle allongée qui sont dans la direction de cet organe. Enfin, le même auteur remarque que les nerfs des sens communiquent seuls avec la matière grise, qu'ils constituent exclusivement aussi les ganglions qu'il appelle simples, de même que les nerfs postérieurs du rachis constituent seuls les ganglions intervertébraux. Nous allons bientôt nous convaincre que, s'il existe des rapports de contiguité des nerfs des sens avec la substance grise, ces nerfs ont toujours un rapport direct et bien plus important de continuité, avec quelqu'un des faisceaux fibreux que nous avons décrits dans la moelle allongée; d'ailleurs aucun des nerfs que M. Bellingeri regarde comme exclusivement moteurs, ne se trouve privé de la sensibilité animale; tous les muscles de la locomotion sont doués de sensibilité, dans la tête comme ailleurs; il paraît aussi que M. Bellingeri tient fort peu compte de l'expérience de M. Magendie sur la cinquième paire, pour ce qui concerne les usages des nerfs qu'on avait jusqu'à présent regardés comme des nerfs sensitifs.

Une disposition particulière qui est une conséquence de la disposition générale que nous avons observée dans la structure de l'encéphale, fixera notre attention. C'est le croisement des nerfs encéphaliques, si évident pour plusieurs paires, et que Sanctorini avait déjà soupçonné exister pour toutes, sans doute, d'après les faits croisés si communs et si généraux en pathologie. Nous avons reconnu trois croisemens, dont un, celui des pyramides , paraissait équivaloir aux deux autres, ceux du corps calleux et de la protubérance, qui en sont une conséquence. Leur résultat semble être d'établir les relations de sensibilité et demolitité entre un côté du corps et le côté opposé de la tête, pour tous les nerfs des organes situés au dessous de ces croisemens. Mais au dessus il existe des nerfs qui sont également moteurs et sensibles, et chez qui ces propriétés coexistent et cessent toujours d'une manière aussi croisée que pour les précédens. Il est clair cependant qu'étant situés entre les croisemens généraux des faisceaux et au dessus d'eux, l'effet de ceux-ci qui n'est pas ascendant ne saurait les concerner. Le problème serait résolu si les commissures de la moelle allongée étaient, ainsi que les commissures générales, des croisemens, comme cela est évident pour quelques-unes ; or, la plupart des nerfs encéphaliques ont des commissures à leur base ou à leur terminaison.

Nerf olfactif ou première paire.

D'après ce que nous avons vu chez les animaux inférieurs, et d'après l'analogie que nous avons remarquée chez l'homme, quant à ce nerf, il est impossible d'appeler ainsi le lobule et le pédicule olfactifs. Tous les traités d'anatomie comparée et d'embryogénie s'accordent à reconnaître là un véritable lobe, qui, ainsi que les optiques, s'atrophie chez l'homme et perd son ventricule. On doit donc restreindre le nom de nerfs aux filets qui s'en détachent pour traverser la lame criblée de l'ethmoïde, comme l'on n'appelle les nerfs optiques chez les oiseaux , que les cordons qui procèdent des lobes du même nom. Mais il est à propos de remarquer ici , plus encore que nous ne l'avons fait dans la description de ce lobe , que chez tous les mammifères où on le trouve très développé , il est composé de deux parties fibreuses bien distinctes ; l'une provenant du lobe de l'hypocampe dans le sillon de Sylvius , et qui appartiendrait au système des nerfs postérieurs que nous avons appelés du retour , en considérant la corne d'ammon comme le point de réflexion des membranes ansiformes ; une autre (et ce serait la plus considérable) , nous a paru provenir, chez tous les mammifères , excepté l'homme et le singe , de la commissure antérieure qui appartient évidemment au système des nerfs pyramidaux antérieurs qui montent à l'encéphale.

Chez l'homme et le singe , cette dernière

racine est celle que les auteurs ont reconnue provenir du corps strié par un ou quelquefois deux filets assez tenus, mais non point de la commissure antérieure , puisque celle-ci s'épanouit dans le lobe moyen; ce qui n'empêche pas que ces fibres n'appartiennent au même système des nerfs antérieurs. Il résulte de là une singularité plus piquante ; c'est que la commissure antéricure étant croisée , comme on le voit chez le rongeur , quand on anatomise exprès son cerveau , ce nerf serait croisé chez eux quant aux fibres antérieures qui composent son pédicule ; rien chez l'homme n'indiquerait une disposition semblable pour les filets issus du corps strié , leur ténuité d'ailleurs empêche de les suivre très-avant ; chez beaucoup de poissons il existe aussi une commissure entre les lobes d'où partent les nerfs olfactifs.

Nerf optique ou deuxième paire.

Même remarque que pour le précédent ; celui-ci n'a jamais occasionné de dispute, parce que son lobe n'est pas pédiculé, et que le cordon qui s'en échappe est beaucoup plus long. On ne peut pas distinguer, dans les lobes ou les tubercules dont il procède dans les diverses classes, deux ordres de racines, il paraît exclusivement appartenir à la division externe des piliers de la voute qui compose les corps genouillés et les tubercules quadrijumeaux ; il pourrait néanmoins recevoir quelques - unes des fibres pyramidales antérieures du pédoncule auxquelles il adhère en le contournant. Chez le fœtus à terme, il n'adhère encore à aucune autre partie du pédoncule, et déjà il se confond avec c celle-là. Autrement, ce nerf serait totalement sur le trajet des faisceaux du cervelet ou des pyramides postérieures.

Chez les poissons, ce nerf se bifurque à sa base en deux branches; l'une interne, l'autre externe, qui s'épanouissent de chaque côté à la rencontre l'une de l'autre à la superficie du lobe optique ; d'autre part nous avons remarqué que le faisceau pyramidal externe à celui de l'infundibulum, aboutit au centre intérieur du même lobe optique, dans lequel centre il paraît rayonner comme dans un corps strié.

Quoiqu'il en soit de la composition de ces lobes , ce nerf est plus constamment d'un volume considérable chez tous les animaux. Chez l'homme et tous les mammifères, on voit un filet très-fort remonter des tubercules quadrijumeaux postérieurs jusqu'à une petite saillie nommée corps genouillé interne , où il constitue une des branches du nerf dont il s'agit. Un autre filet qui descend plus extérieurement du réseau superficiel de la couche optique, aboutit également à une saillie plus en dehors que la précédente, c'est le corps genouillé externe, qui constitue la branche correspondante du même nerf. Au dessous de la couche blanche superficielle, ces petites saillies sont grises, mais aucun filet blanc n'en sort profondément.

L'on sait que l'adossement ou le croisement des nerfs optiques est encore un sujet de discussion. Le sentiment le plus suivi serait un croisement partiel. Chez les poissons et les reptiles, il n'y a point d'équivoque ; mais leur rapport est celui d'un X, tandis que chez les mammifères et les oiseaux, il ressemble à la lettre H ; chez les premiers , en outre, ils passent l'un au-dessus de l'autre sans contracter d'adhérence.

Nerf moteur oculaire commun ou troisième paire.

Le moteur commun a deux origines bien distinctes; l'une en dedans sur la surface triangulaire ou faisceau de l'infundibulum; l'autre fort en dehors , sur-tout chez le cheval, a lieu au delà de la rainure qui sépare la surface triangulaire des fibres pyramidales du pédoncule. Je ne sais si cette deuxième origine provient des pyramides ; car , dans le fœtus à terme, les filets qui la composent s'implantent dans l'espace encore gris qui sépare des pyramides déjà bien blanches , le faisceau de l'infundibulum. Cet espace gris devient blanc ensuite par la pulpe qui s'y accumule. Je n'ai pas examiné le cheval nouveau-né chez qui cette deuxième racine , étant beaucoup plus externe , pourrait provenir des pyramides : dans tous les cas, ce nerf ne serait pas uniquement dû au faisceau moyen , puisque nous avons vu un filet fibreux s'élever de la rainure externe de la moelle allongée, et contourner le pédoncule pour se rendre à la surface triangulaire. Ce filet assez fort appartient certainement à l'une des deux pyramides antérieure ou postérieure. Ces deux origines sont presque en proportion égale chez l'homme et les ruminans; l'origine interne prédomine chez le rongeur. Quoiqu'il en soit, cette dernière n'a point de rapport avec le cervelet comme le pense M. Bellingeri , car le faisceau moyen est étranger à cet organe. Ce nerf, quoiqu'uniquement moteur , selon le même anatomiste, ne communique pas moins que le précédent, avec la substance grise , puisque ses deux insertions ont lieu sur la rainure où se remarque la tache noire de sœmmering, et qui sépare les deux faisceaux de l'infundibulnm et pyramidal antérieur.

Je n'ai pu distinguer aucun croisement dans les filets pyramidaux de ce nerf ; car il ne m'à pas été possible de déterminer si le filet qui s'élève de la rainure externe aux fibres pyramidales du pédoncule, pour contourner celles-ci, aboutit au nerf opposé ; on'sait que ce filet se rend à la surface triangulaire, et j'ai souvent aperçu des fibres en travers sur cette dernière.

Nerf pathétique ou quatrième paire.

Ce nerf a une des origines les plus curieuses, dont les particularités les plus constantes sont : 1° sa position invariable immédiatement en arrière des tubercules optiques, et ensuite son croisement partiel ou total. Ce dernier point est établi sur une foule de circonstances qui ne se rencontrent pas toujours toutes réunies sur le même sujet ni dans les mêmes classes ; mais on ne manque jamais d'en reconnaìtre une ou plusieurs : je vais les énumérer toutes. On a donné le nom de commissure de la quatrième paire à la petite bandelette qui règne de l'un à l'autre des faisceaux latéraux de la valvule de Vieussens ; chez les oiseaux sa posi-

tion est la même au dessous de la grande commissure de l'aqueduc de Sylvius, elle réunit les
lames analogues qui descendent des lobes
optiques au cervelet ; c'est des extrémités
droite et gauche de cette bandelette que part
chaque nerf pathétique.

Cette racine a deux origines bien distinctes,
l'une provient du faisceau latéral ou *processus
cerebelli ad testes*, c'est-à-dire, du système des
nerfs posterieurs ou du cervelet ; l'autre plus
profonde naît au dessous de la feuille grise du
plancher du quatrième ventricule, et par conséquent du faisceau de l'infundibulum. Ainsi
composés, les deux nerfs passent horizontalement l'un au-dessus de l'autre au côté opposé
chéz les oiseaux, et chaque filet n'est que la
moitié du volume de la commissure qu'ils forment ensemble.

Chez les mammifères ce croisement a ordinairement lieu de fibre à fibre ; elles sont
croisées entr'elles ; mais jamais on n'aperçoit
de raphé dans le milieu ; quelquefois une
séparation transversale annonce la portion
de chaque nerf, qui est toujours égale au
filet de l'un d'eux. Ces derniers débordent
toujours l'un en dessus, l'autre en dessous ;
chacun de son côté, la commissure par
l'angle de laquelle ils s'échappent. Il m'a tou-

jours paru que la racine issue du *processus* se croisait seule et non celle du faisceau de *l'infundibulum.*

Nerf trijumeau ou cinquième paire.

On lui distingue trois origines ; l'une aux pyramides, par ce petit faisceau externe à l'olive , dont nous avons parlé dans la description de la moelle allongée , et que l'on suit jusqu'au dessous du collet du bulbe rachidien. Les deux autres sont fournies par le cervelet : la première , qui est profonde , m'a paru monter dans la direction du pédoncule de cet organe ; elle est la plus considérable à mon avis ; elle forme avec la précédente , une espèce de saillie ou mammelon que Bichat a bien décrit , et d'où partent les filets ; la troisième se compose de six ou huit filets blancs et plus gros , que Bichat a très-bien décrits aussi ; ces filets s'élèvent de la partie externe et postérieure du pédoncule, s'adossent aux racines précédentes, dont ils sont séparés par une lame celluleuse , ils restent juxta posés au dessous des autres , jusques au delà du bord du rocher , dans la fosse temporale interne ; ils ne participent point au plexus que le nerf forme en cet endroit, ce n'est qu'après avoir franchi le trou ovale avec la branche maxillaire inférieure, que ces filets se partagent plus ou moins également en autant de divisions qu'en fournit cette branche, et s'y unissent intimement. D'après ce que nous avons dit du mécanisme de la protubérance, l'on conçoit comment ces deux dernières racines communiqueraient par chaque pédoncule du cervelet, avec l'hémisphère opposé du même organe.

Chez les mammifères qui n'ont pas d'olive, on voit également qu'une portion du faisceau auquel appartient ce renflement, paraît due au nerf de la cinquième paire, qui, du reste, semble aussi recevoir une partie de ses filets du corps trapezoïde, dont nous allons parler à propos des nerfs facial, et moteur oculaire externe.

Sixième et septième paires. Moteur oculaire externe (et facial. Portion dure de la septième paire.)

C'est chez le fœtus à terme ou antérieurement qu'il faut chercher cet origine; la protubérance est encore toute grise, et la commissure, située entr'elle et l'extrémité supérieure de l'olive, ressort par sa blancheur, ainsi que les racines des nerfs dont nous allons parler. Ces deux nerfs s'élèvent de front sur cette commissure ou sur son analogue, le corps trapezoïde des mammifères, savoir : la sixième paire en haut et en dehors du sillon qui sépare la pyramide de l'olive par trois ou quatre filets ; chez les mammifères inférieurs, quelques filets seulement sont situés sur le corps trapezoïde ; les autres naissent au dessous.

Le nerf facial s'élève de la même commissure presque à son extrémité au dessus et en dehors de l'olive ; il monte un peu obliquement du fond du sillon en haut et en dehors chez l'homme, et plus transversalement encore chez les mammifères, dont il semble terminer le corps trapezoïde dans ce sens ; mais quand on soulève le nerf, on voit qu'il ne constitue que la moitié de l'épaisseur de cette commissure, qui se prolonge un peu plus en arrière, recouverte par l'auditif. Ce qui ferait croire que cette commissure est composé de fibres qui se portent de l'un à l'autre des faisceaux du cervelet duquel ces nerfs dépendraient en ce cas. La sixième paire cependant pourrait en recevoir aussi quelques fibres des pyramides. Elle se trouve aussi située chez l'homme, sur le trajet de ces fibres qui descendent des bords du *calamus scriptorius* pour contourner l'olive , et remonter entr'elle et la pyramide. Le nerf facial a aussi une adhérence de quatre à cinq lignes avec la protubérance immédiatement à son origine.

Nerf auditif ou huitième paire. (Portion molle de la septième paire des anciens.)

Il est plus mou, plus gros et plus blanc que le facial. Il naît chez l'homme d'une partie des stries blanches qu'on remarque sur le plancher du quatrième ventricule ; il reçoit également une portion de ses filets de la base des *processus cerebelli ad testes* ; il est recouvert en arrière par une couche grise que les frères Wenzel nomment le tænia grisea , presque nulle dans l'homme et très-forte chez les autres mammifères, chez qui, en revanche, manquent les stries du quatrième ventricule. MM. Gall et Spurzheim l'on nommé le ganglion du nerf acoustique , suivant leur opinion que les nerfs sont enracinés dans la substance grise ; mais il est à remarquer que, dans le fœtus, elle n'existe pas encore quand le nerf est déjà formé (Tieddemann). C'est donc toujours du faisceau moyen et des dépendances du cervelet que ce nerf reçoit ses fibres. Ainsi constitué le nerf acoustique chez l'homme et chez les animaux, s'avance d'arrière, en avant, à la rencontre du nerf facial, auquel il offre une gouttière où celui-ci se loge.

Nerfs glosso-pharyngien et vague, neuvième et dixième paires.

Ces nerfs appelés la huitième et la neuvième paires, par les anciens qui n'en faisaient qu'une du facial et de l'acoustique, peuvent être décrits en même temps; car il n'y a de différence entr'eux que parce que l'un naît au dessus de l'autre; du reste leurs filets d'origine sont presque toujours sur une même rangée; une veinule, et quelquefois deux les séparent. Ils naissent immédiatement au dessous des précédens en arrière du sillon externe qui borne l'olive, sur une colonne qui règne jusqu'au niveau du tiers inférieur de ce petit corps ; ils sont implantés sur le faisceau moyen au bas du faisceau pyramidal postérieur , et sur le trajet des fibres qui descendent de ce dernier pour contourner l'olive. Six à huit filets co mposent le premier; une douzaine plus inférieurement situés composent le second. Chacun de ces filets

est formé de plusieurs radicules ; quelquefois
quatre filets environ forment une double rangée en dedans de la première, pour ce dernier
nerf, qui se compose encore de la division que
le spinal lui fournit au sortir de leur canal commun ; mais le spinal, étant, d'après M. Bellingeri, entièrement composé de filets issus du
faisceau latéral ou moyen, confondu avec le
restiforme par quelques auteurs ; on pourrait
dire que ces trois nerfs reçoivent des filets
du même système. Je n'ai pu déterminer si
les fibres qui descendent du calamus scriptorius,
pour contourner l'olive, leur fournissent quelque chose : cela ne m'a pas paru plus évident
pour l'hypoglosse dont nous allons parler.

Nerf hypoglosse ou onzième paire.

Il naît dans le sillon qui sépare l'olive de la
pyramide, par une douzaine de filets assez dis-
tincts les uns des autres, et composés chacun
de trois ou quatre radicules. Quelques-uns de
ces filets naissent sur la même ligne, mais inférieurement à l'olive, sur l'espace qu'occupe
la partie inférieure des fibres obliques qui descendent des faisceaux postérieurs, et qui re-
montent tout le long de l'insertion de ce même

nerf jusqu'à la sixième paire, comme nous l'avons dit plus haut.

Ces mêmes fibres aboutissent également dans les autres mammifères à l'insertion de l'hypoglosse, en traversant l'espace qu'occuperait l'olive si elle existait; c'est d'elles probablement et des pyramides que M. Bellingeri croit que ce nerf est composé, puisqu'il le range parmi ceux qui naissent du cervelet et du cerveau.

Récapitulation générale et conclusion.

Des faits qui viennent d'être exposés, il résulte que le système nerveux, considéré dans sa structure élémentaire, est un appareil circulaire composé d'une immense quantité de fibrilles bien moins que capillaires, et dont chacune isolément décrit un cercle tout aussi complet que le cercle général qui résulte de leur ensemble. Leur premier assemblage constitue les faisceaux fibreux primitifs, dont l'œil ne peut saisir que les réunions secondaires qui sont les nerfs. De très-petits rameaux de ceux-ci donnent naissance à des troncs plus considérables, qui s'identifient à la substance propre d'un cordon plus volumineux encore qui constitue la moelle de l'épine.

Le corps de celle-ci , quadruple en apparence tout le long du rachis, se montre réellement triple dans la moelle allongée pour chaque moitié du corps de l'animal. Ces trois faisceaux qui sont les pyramidaux antérieur et postérieur, et le moyen ou faisceau de *l'infundibulum* étaient épanouis en autant de petits réseaux
qu'il existe de régions capillaires dans nos organes ; arrivés dans ce point, ils s'épanouissent
de nouveau , mais en une membrane unique.
Le volume, l'étendue, les plis de cette membrane et ses modifications, résultant du mélange des fibres avec les autres substances, varient dans les différentes classes; mais, dans
toutes , les plis de la membrane en question
figurent une anse dont la portion qui s'élève
de l'une des trois colonnes (l'antérieure) , se
recourbe dans les deux colonnes moyenne et
postérieure.

Dans les animaux inférieurs cette anse ne
présente d'autre complication que celle des différentes inflexions qu'elle subit. Entre deux de
ces inflexions existe un renflement : ceux-ci,
au nombre de trois ou quatre, diffèrent les uns
des autres par des conditions d'organisme im-
perceptibles.

L'extrémité antérieure de cette anse est à la

tête des pyramides antérieures , et l'extrémité postérieure au sommet de celles du même nom. Le faisceau moyen qui, dans les autres classes, communique avec une partie des fibres antérieures qui se sont repliées dans le cerveau , semble ici avoir un lobe particulier (celui de *l'infundibulum*) qui se trouverait plutôt au commencement qu'à la fin de l'encéphale ; irrégularité particulière à cette classe qui paraît n'avoir point d'organe spécial de psychologie , et qui rapproche les lobes, dont il s'agit, de la couche optique des classes supérieures. Après s'être ainsi comportée la membrane se résout de nouveau par les faisceaux postérieurs en des nerfs , des rameaux, et enfin , dans les organes , en une nappe fibreuse dont l'extrémité vient se confondre avec celle qui était due aux premières fibrilles. Ce cercle s'établit ainsi de chaque côté dans les deux classes inférieures ; mais, dans les deux autres, il est compliqué de croisemens au nombre de trois, savoir : celui des pyramides au collet du bulbe rachidien connu depuis long-temps , et deux autres , la protubérance et le corps calleux , indéterminés jusqu'ici et compris sous le nom vague de commissures. Le premier a lieu entre les faisceaux antérieurs et les deux autres qui sont une conséquence du premier, concernent les renflemens des membranes , c'est-à-dire le cerveau et le cervelet. Le croisement de de ce dernier organe , qui est la protubérance annulaire , recouvre les faisceaux et en obscurcit la marche dans les classes supérieures ; mais si l'on en fait abstraction , on retrouve ceux-ci aussi simples que dans les classes inférieures au nombre de trois , montant à l'encéphale ou en descendant. Voici leur marche :

Le faisceau pyramidal et sa division olivaire montent, le premier à travers , et le second par dessous les fibres transverses de la protubérance ; réunis au côté externe de la face antérieure du pédoncule, ils s'étalent en une membrane fibreuse doublée d'une couche pulpeuse, et d'une couche grise corticale , dont toutes les sinuosités et les replis composent les divers accidens qu'on trouve au dedans ou au dehors du cerveau. Parmi les premiers on remarque surtout le corps strié qui est une projection de la substance corticale des circonvolutions du repli antérieur de la membrane sur la base même de son épanoussissement ; après s'être ainsi répandu en dehors, le réseau des hémisphères, simple et uni chez les animaux inférieurs, et plissé chez les animaux supérieurs, concentre son extrémité dans l'étendue du corps calleux et de ses replis. Aux bords de cete commissure s'arrête de chaque côté le feuillet cortical ; au milieu d'elle se terminent, à sa surface supérieure, les couches pulpeuses dont la jonction donne lieu à ce raphé ressemblant à la callosité d'une cicatrice. Quant à la couche fibreuse qui occupe la face inférieure du corps calleux, une assez forte portion, qui est la postérieure, se recourbe immédiatement dans la corne d'ammon ; tout le reste, après s'être croisé d'un côté à l'autre, dans le corps calleux, descend avec la précédente portion, par le *septum lucidum*, au trigone qui ne fait avec le corps frangé, la couche fibreuse de la corne d'ammon, et la cloison des ventricules qu'une seule lame médullaire. Arrivées aux piliers antérieurs, une division de ces fibres descend immédiatement à travers la couche optique au faisceau de l'infundibulum, ou moyen, et celui-ci dans le restiforme. Une division moindre constitue les corps genouillés, les tubercules quadrijumeaux, les *processus ad cerebellum*, et enfin ce dernier organe lui-même au bas duquel elle se continue dans la pyramide postérieure du côté opposé en se croisant avec sa pareille, au-devant des faisceaux anté-

rieurs dans la protubérance annulaire. Les
prolongemens de cette commissure contiennent
un renflement nommé le corps ciliaire, festonné,
ou rhomboïdal, production si analogue à celle
du corps olivaire qu'elle me porte à croire que
les fibres qui descendent au cervelet, sont
exactement les mêmes que celles de l'olive qui
étaient montées au cerveau où elles s'étaient
épanouies conjointement avec celles des pyramides.

On peut encore résumer d'une manière plus
claire ce que nous venons de dire, en comptant
huit faisceaux dans la moelle allongée, dont
quatre pour chaque côté ; savoir : le pyramidal
antérieur et l'olivaire, comme s'ils en faisaient
deux, et que le second ne fût pas une division du premier ; en les peut désigner sous
le nom de faisceaux montans ; 2° le pyramidal
postérieur et celui de l'infundibulum, comme
s'ils n'en faisaient qu'un seul; on les appellerait
descendans, parce que, pour la facilité de la
description, et à cause de l'habitude, on commence leur dissection par le côté antérieur.
C'est ce que nous avons fait aussi pour nous ac-
commoder aux usages des anatomistes qui
avaient appris la méthode de M. Gall ; mais
non point que nous soyons disposés à adopter

les idées de renforcement de cet auteur, autrement que par une espèce de pulpe, comme nous l'avons dit ; il est vrai que chez l'homme on serait fortement tenté de croire à un renforcement ; car la division des fibres nerveuses les fait paraître, au delà du corps strié, en nombre vraiment plus grand, et la pulpe dont elles se revêtent au même point, empêche leur volume de diminuer en proportion de leur division ; mais encore ici, l'on reconnait combien est fondé le reproche que Tieddemann adresse à MM. Gall et Spurzheim, d'avoir recommandé l'anatomie comparée et d'avoir eux-mêmes oublié de suivre leur propre précepte. C'est déjà l'anatomie du lapin qui nous a fourni un argument contre lequel leur théorie des fibres rentrantes ne saurait tenir. Ce sera encore le cerveau du rongeur qui renversera la théorie du renforcement à travers le corps strié. Cette éminence, chez l'animal dont il s'agit, est plus grosse, proportion gardée de l'encéphale, que chez l'homme, et la pulpe médullaire assez abondante aussi, proportion gardée de l'étendue de son cerveau. Néanmoins on ne voit se former aucune fibre dans le corps strié qui est transparent ; on distingue seulement, au fond, celles qui sor-

tent de dessous la couche optique et qui s'é-
parpillent sous le corps strié ; ce rongeur n'est-
il pas déja pourtant un mammifère dont le
cerveau est , aux fronçures près , aussi complètement organisé que celui de l'homme ?

Ainsi donc , après avoir conçu les faisceaux
pyramidal et olivaire , s'épanouissant ensemble
dans le cerveau et se repliant ensemble aussi
dans le corps calleux et ses replis ;

Que l'on prenne , d'autre part , le faisceau de
l'infundibulum , et celui de la pyramide postérieure au dessus du cervelet dans les *processus
ad testes ;* qu'on les conçoive réunis dans les piliers antérieurs du trigone ; puis ces piliers s'é-
panouissant pour former la lame unique dont
les différentes parties ont été appelées le trigone, le *septum lucidum*, le corps frangé, la corne
d'ammon , et qui appartient aux faisceaux descendans : cette lame , il est vrai, n'est séparée et
distincte de celle du corp calleux appartenante
aux faisceaux montans , qu'entre les lames de
la cloison des ventricules dans l'état normal ,
ou , jusqu'aux bords du corps calleux , dans
l'état anormal , lorsqu'elle est décollée de la
face inférieure de cette commissure , par une
hydropisie du cinquième ventricule. Il faut
donc se la figurer appliquée , ainsi que nous

venons de le dire , sur le corps calleux ; on peut en prendre une idée très-nette en fixant l'extrémité du simulacre qui représente cette même lame médullaire à la paroi qui figure le corps calleux , comme elle doit l'être dans l'état naturel des plicatures indiquées pour ce simulacre.

Les choses amenées dans cet état par l'imagination , qu'on se représente enfin le double système ascendant, pyramidal antérieur et olivaire , se repliant et se continuant dans le double système descendant ou du retour ; savoir : les fibres du faisceau olivaire dans celles de la pyramide postérieure sans s'être croisées au corps calleux ; et les fibres de là pyramide antérieure, dans celles du faisceau de *l'infundibulum* après s'être croisées , au contraire , dans le corps calleux. Celles-ci descendent immédiatement dans la moelle épinière; et, celles-là, après seulement qu'elles se sont croisées dans la protubérance du cervelet auquel je crois qu'elles se rendent. Ce croisement pour ces dernières et celui du corps calleux pour les précédentes, font antagonisme à la décussation commune qu'elles avaient subie au collet du bulbe rachidien. Voilà comment le système montant devient lui-même le système descendant, en formant l'anse cérébrale des mammifères. Cette anse ne diffère de celle des poissons que par le double échange qui se fait d'un côté à l'autre. On pourrait donc aussi bien monter par les pyramides postérieures et le faisceau de l'infundibulum, pour descendre par le corps olivaire et la pyramide antérieure. On aura ainsi, de mon système, l'idée la plus claire telle que je l'avais présentée dans mes articles des *Archives* et de la *Revue Médicale*, où il ne m'était pas permis de m'étendre aux détails que j'ai donnés dans ce traité. Mais cette manière d'exposer le mécanisme de l'encéphale, en réduisant en un nombre pair tous les systèmes qui entrent dans la duplicature de la substance nerveuse, n'est exacte que pour l'encéphale et la moelle allongée, et non point pour la moelle épinière ; car quelques-uns y ont vu quatre ou huit faisceaux, d'autres en ont discerné six sur l'adulte. (Bellingeri) et comme je l'ai déjà dit plus haut, M. Brecshet et moi, en avons reconnu bien positivement six sur un embryon ; ce qui force d'admettre de chaque côté un faisceau impair et intermédiaire, toutefois seulement à compter des piliers antérieurs du trigone et inférieurement à ces piliers.

Quant à la raison qui me fait penser que les

fibres qui parviennent au trigone par la portion postérieure et non croisée du cerveau ,
sont celles qui composent la division des piliers
antérieurs du même trigone qui descend au
cervelet ; elle tient à la théorie générale du
croisement sur laquelle je vais , en récapitu-
lant les insertions des nerfs encéphaliques ,
exprimer quelques principes relatifs aux usages
de ces nerfs. Ce sera sans rien préjuger sur le résultat des expériences directes auxquelles je me
livre actuellement avec mon ami , le docteur
Mayranx. Nous nous proposons de les publier
incessamment. Je n'appuierai ces opinions ,
pour le moment, que sur les principes de physiologie suivans , qui sont tous d'une authenti-
cité généralement reconnue , savoir : 1° que le
cerveau est l'organe qui préside à la sensibilité et aux mouvemens volontaires, soit qu'on
veuille ou non le restreindre à ceux de flexion
[M. Bellingeri] ; 2° que le cervelet paraît
être destiné aussi aux mouvemens, soit qu'il
n'ait sous sa dépendance que ceux d'extension,
[M. Bellingeri], soit qu'il coordonne et ceux-
là et ceux de flexion [Rolando, Flourens], soit
enfin qu'il serve à la progression en avant ou
en arrière [M. Magendie]; on s'accorde toujours à le regarder comme un organe moteur ;

3° que la motilité se porte de haut en bas , c'est-à-dire , s'exerce au dessous de ces renflemens ; 4° que l'action oblique , si bien établie de ces renflemens , ne peut s'exercer sur les organes que par les nerfs qui naissent au dessous des croisemens que nous avons décrits, à moihs que ces nerfs n'aient des commissures spéciales. Ainsi tous les nerfs des pyramides antérieures et des postérieurs ont des effets croisés , parce que l'influence qu'ils reçoivent du cerveau ou du cervelet descend de ces organes inférieurement au croisement du collet du bulbe rachidien et à celui de la protubérance.

Les nerfs qui émanent de cette dernière , elle-même , reçoivent probablement leurs fibres et leur influence de la partie de ses prolongemens qui dépend de l'hémisphère du côté opposé à leur insertion.

Mais le pathétique qui naît au dessus de la protubérance , avait besoin d'une décussation particulière , autrement il n'aurait pu transmettre un effet oblique ni du cervelet , puisqu'il ferait communiquer chaque lobe avec l'œil du même côté, ni du cerveau, si les *processus* qui descendent de cet organe sont , conformément à notre présomption, les fibres de

la portion postérieure non croisée des hémisphères. Ce qui me ferait encore mieux croire à
cette dernière circonstance, c'est que la commissure spéciale de ce nerf ne concerne que
celles de ses fibres qui s'élèvent des *processus
cerebelli ad testes* ; les fibres qui sortent au
fond du quatrième ventricule, du faisceau
de l'infundibulum ou moyen ne m'ont jamais
paru y participer.

Je ferai la même remarque pour les nerfs
acoustique, glosso - pharyngien et vague, et
même pour le moteur oculaire commun qui
reçoivent la plus grande partie de leurs fibres
de ce faisceau ; or, d'après nous, il est évident
qu'il ne doit pas y avoir de croisement spécial
pour les nerfs qui en émanent ; s'il est vrai,
comme nous le présumons, qu'il communique avec les fibres des hémisphères qui ont
formé le croisement du corps calleux. Les
fibres que le cervelet envoie aux deux premiers de ces nerfs des bords du calamus scriptorius, c'est-à-dire, au dessous de la protubérance, n'ont point non plus de croisement particulier ; cependant elles sortent du même système que celles du *processus cerebelli ad testes*
qui constituent une partie du nerf pathétique,
c'est-à-dire des faisceaux postérieurs. Quel se-

rait le motif de cette différence , sinon que le
premier de ces nerfs naît au dessus de la protubérance , et que les deux autres naissent inférieurement à cette éminence qui renferme
un croisement.

Enfin, les nerfs cérébraux qui naissent au
dessus du croisement des faisceaux pyramidaux antérieurs, n'auraient point reçu obliquement leur action du cerveau sans les commissures spéciales sur lesquelles ils s'implantent, et que nous avons décrites dans la moelle
allongée et les origines des nerfs.

FIN.

TABLE DES MATIÈRES.

—

FIN DE LA TABLE.

ERRATA.

Pages 27 , lig. 16, Suforbitaire, lisez : *Susorbitaire.*
   Id., lig. 19, du Phénoïde, lisez : *Sphénoïde.*
   28 , lig. 22, Fasinuler, lisez : *Fasciculer.*
   38, lig. 16, fig. 20, lisez : (XX *bis*).

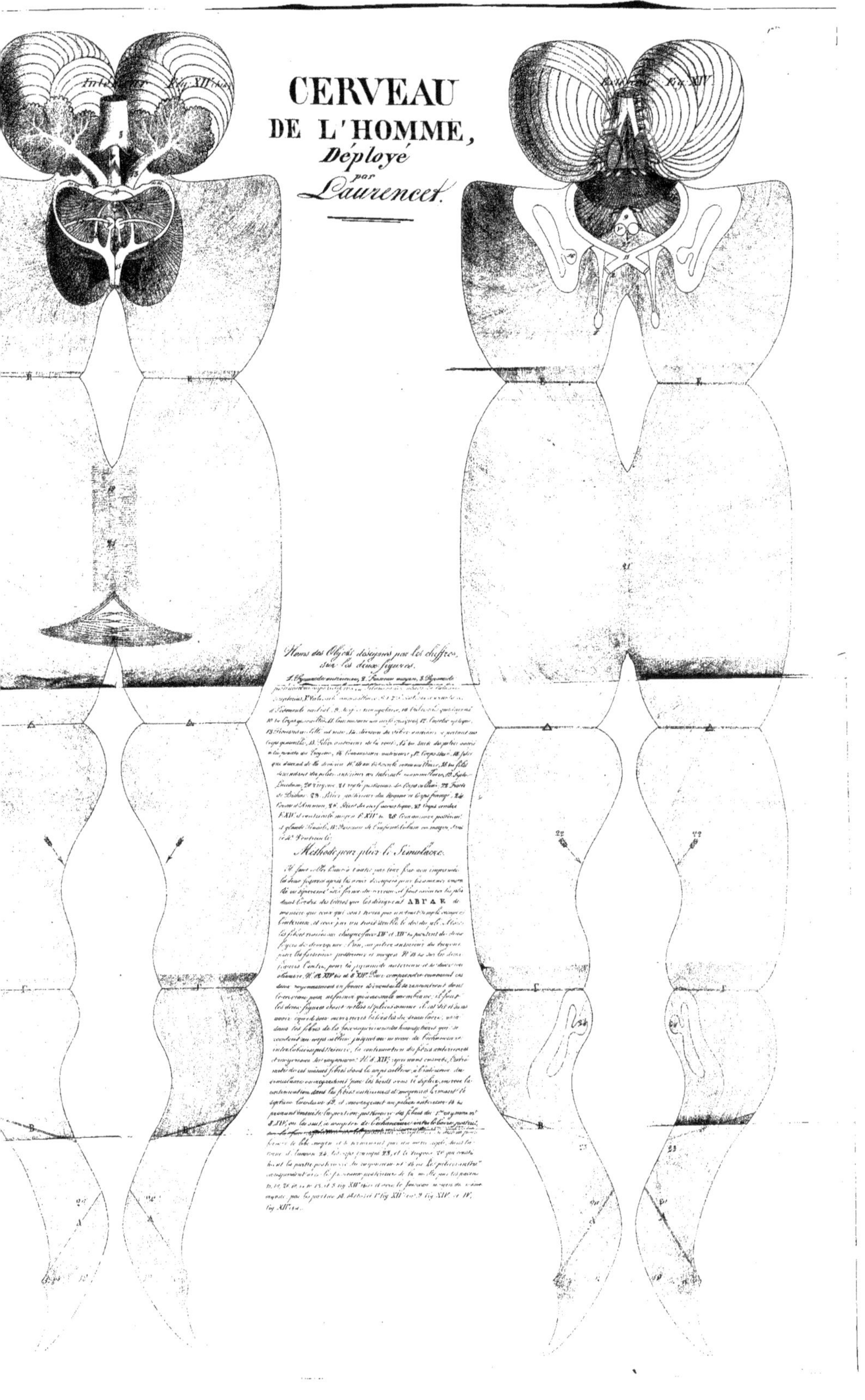

CERVEAU
DE L'HOMME,
Déployé
par
Laurencet.

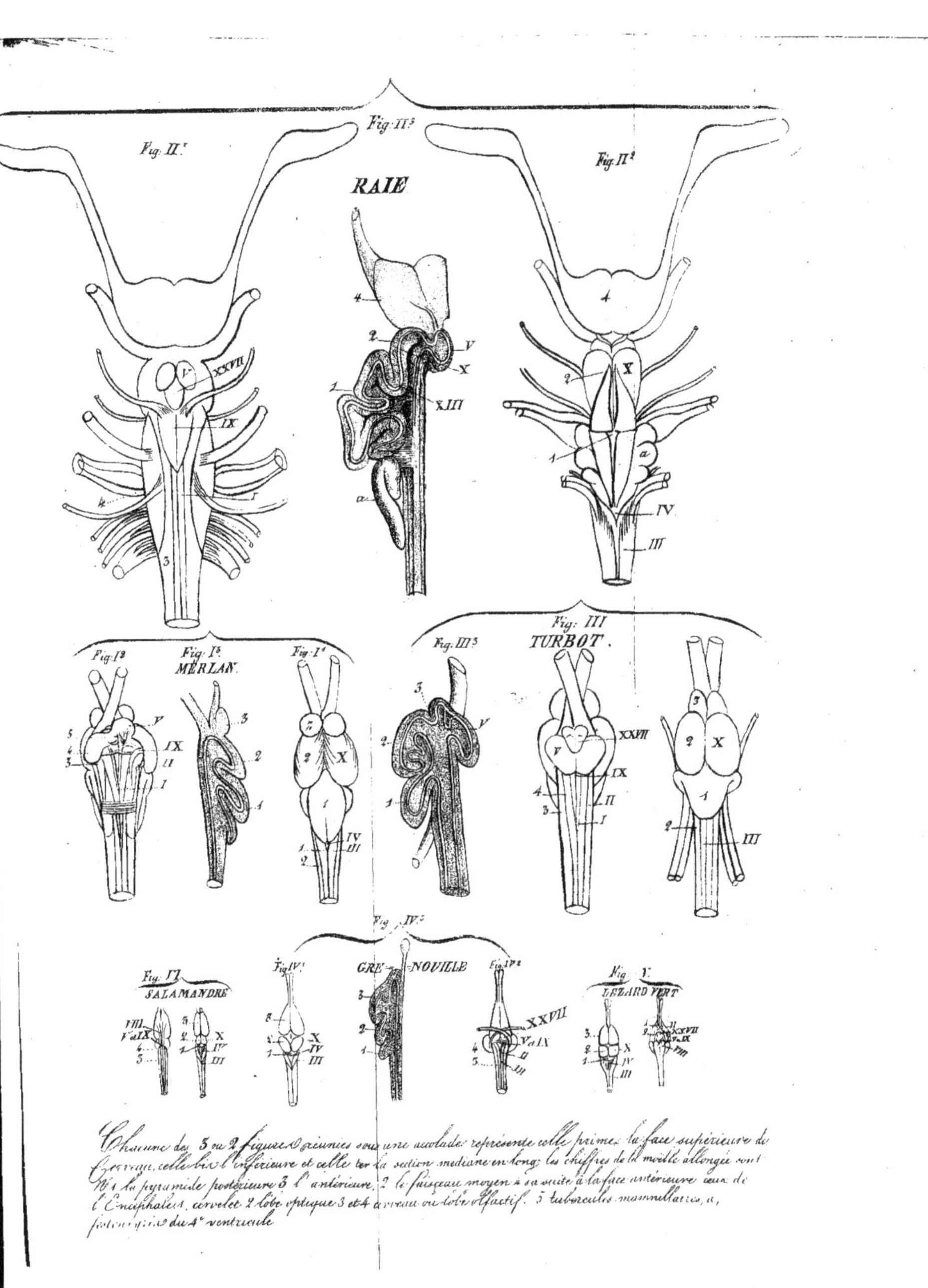

Chacune des 3 ou 2 figures réunies sous une accolade représente celle prime, la face supérieure de
l'encéphale, celle bis l'inférieure et celle ter la section médiane en long; les chiffres de la moelle allongée sont
N 1 la pyramide postérieure 3 l'antérieure, 2 le faisceau moyen à sa suite à la face antérieure ceux de
l'encéphale, 1 cervelet 2 lobe optique 3 et 4 cerveau ou lobe olfactif, 5 tubercules mammillaires, a,
fossette du 4e ventricule

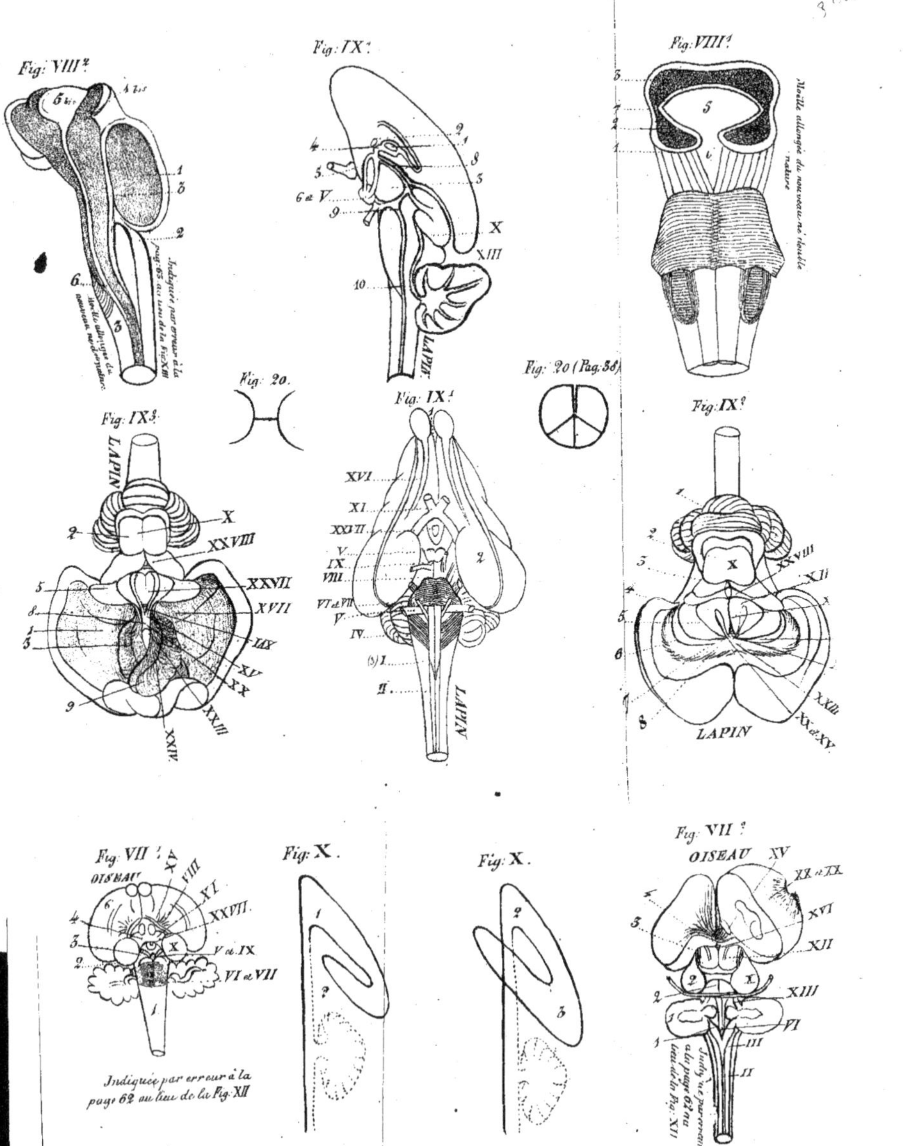

Les chiffres arabes ont rapport à la description de l'objet. les chiffres romains indiquent les parties analogues à celles notées du chiffre arabe correspondant sur les Fig: XII et XIII. du cerveau de l'homme vu à l'extérieur à à l'intérieur au bas des quelles en est l'explication.

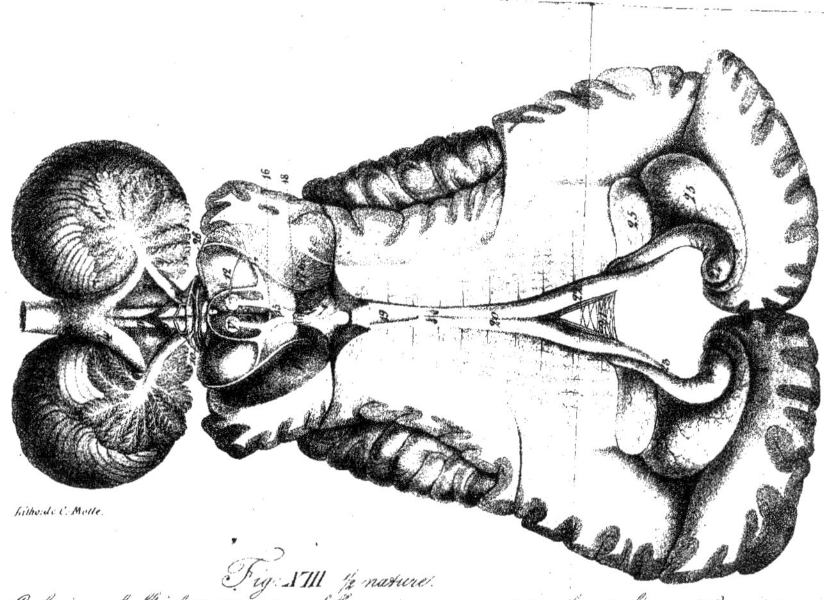

Fig. XVIII ½ nature.

Explication applicable à la Fig. XIV (bis) et aux chiffres romains correspondans de toutes les autres figures ; 3. Pyramide postérieure. 4. Fibres descendant du Calamus Scriptorius. V. Tubercule mammillaire. 10. Tubercule quadrijumeaux. 12. Couche optique. 13. Processus cerebelli ad testes. 14. Bandelette cornée. 15. Piliers antérieurs de la voute. 16. Commissure antérieure. 17. corps strié. 17 (bis). id éminence pyriforme enlevée et les stries à découvert. 18. Lambeau du septum lucidum. 19. 3.º Ventricule. 20. Trigone cérébral. 21. repli postérieur du corps calleux et corps calleux lui même. 22. Piliers postérieurs de la voute. 23. Corps frangé. 24. Éminence de la Corne d'Ammon. 25. Cavité digitale et son éminence. 26. Stries du nerf acoustique. 27. 5.º Ventricule ou entonnoir. 28. Glande pinéale et commissure postér.ᵉ

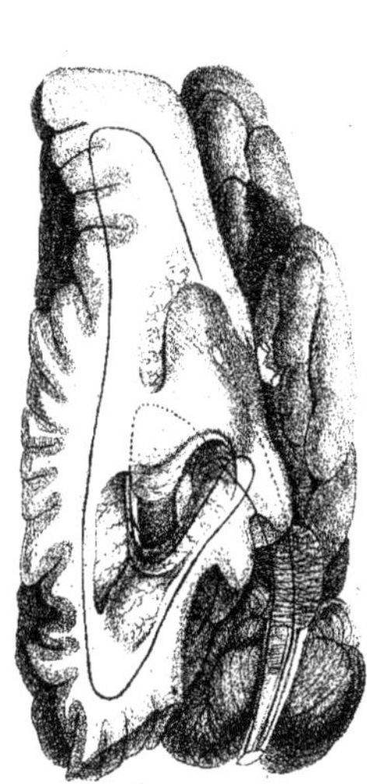

Fig. XI ½ nature

Litho de C. Motte.

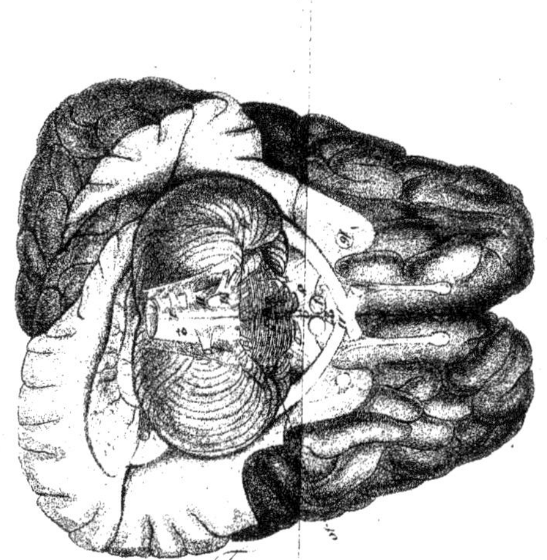

Fig. XII ½ nature.

Explications des chiffres des Fig. XII et XIV (prime) applicable aux chiffres romains correspondans de toutes les autres figures. 1. Pyramide antér.ᵉ 2. Faisceau moyen. IV. Fibres descendant du calamus scriptorius. 5. Commissure située entre la protubérance et le bulbe rachidien. 6 et 7 Protubérance annulaire. 8. Pédoncules du cerveau. 9. Surface triangulaire. 10. Tubercule quadrijumeaux. 11. nerfs optiques. 27. Corps cendré ou infundibulum et ventricule moyen. 16 la Commissure antérieure. 31. l'olive ou éminence olivaire.

www.ingramcontent.com/pod-product-compliance
Ingram Content Group UK Ltd.
Pitfield, Milton Keynes, MK11 3LW, UK
UKHW020249180726
13839UKWH00001B/260